笑顔という、たったひとつのルール

山野愛子ジェーン

学校法人山野学苑理事長
山野美容芸術短期大学学長
山野美容専門学校校長
一般財団法人国際美容協会理事長
山野流着装宗家

幻冬舎

笑顔という、たったひとつのルール

はじめに

　あなたは、髪にパーマをかけていますか？　第二次世界大戦中は、敵性語《てきせいご》である英語を使えなかったために、パーマを「電髪《でんぱつ》」と呼んでいたそうです。なんだかちょっと怖い響きですね。実際、施術中《せじゅつちゅう》はあまりの熱さに、美容師さんがお客さんをうちわであおぐこともあったとか。それでも当時の女性たちにとって、パーマネントは憧《あこが》れのヘアスタイルを作り出す魔法でもありました。

　このパーマを日本中に広めたのが、私の祖母・山野《やまの》愛子《あいこ》です。

　現在コンビニ軒数の約四倍、二十三万軒以上の美容サロンがある日本は、美容師の数も約四十八万人という、堂々たる美容大国です。そして、その技術を教える美容師養成学校もまた、山野愛子が日本で最初に創設したのです。山野美容専門学校から巣立った美容師は、なんと二十一万人以上になりました。

私は山野愛子ジェーン。そんな美容家の祖母・山野愛子の孫としてアメリカ・ロサンゼルスに生まれ育ち、現在は〝二代目・山野愛子〟として、山野美容専門学校や山野美容芸術短期大学、山野日本語学校、山野医療専門学校などを経営する、『学校法人山野学苑《やまのがくえん》』の理事長をしています。

『山野愛子』もしくは『ヤマノ』という名前を見かけたことがあるでしょうか。ヤマノは単一企業ではなく、企業グループとして扱う業種も多岐《たき》にわたります。美容界では日本随一《ずいいち》の老舗《しにせ》であり、山野愛子美容室やどろんこ美容、着装《きそう》教室にエステ、メイクアップ、ホテルブライダル、美容教育など、世界中のあちこちにあるヤマノグループの何かが、あなたの生活のどこかにお邪魔《じゃま》しているかもしれません。

幼い頃の私にとっては、〝山野〟が名字で〝ジェーン〟が名前。間に入った〝愛子〟というミドルネームの大きさも意味も、そう名付けられた真の理由も知らなかったのです。十二歳で日本に来てからも、家庭でも学校でも英語で生活していましたので、日本語の読み書き、会話は、二十歳近くまでほとんどできませんでした。

アメリカで教師になりたいという夢を描き、高校を卒業する頃には、生まれ育ったカリフォルニアの大学に行く準備に余念《よねん》がありませんでした。けれどある日、その夢は一瞬にして幻《まぼろし》となったのです。

「美容家・山野愛子の孫として、二代目を継ぎなさい」

十八歳のある日、そう通告されるまで、周知の事実だったこの運命を、私だけが知らずに生きていたのでした。

何もわからないまま二代目修業に突入し、急流に押し流されたような状態で月日が過ぎていきました。アメリカから来た典型的なカリフォルニアガールだった私はいま、日本の伝統文化継承の責を担《にな》う山野学苑の頂《いただき》に立ち、あっという間に過ぎ去って行った時間を思い返しています。

あなたが仮に、英語しかわからない、アメリカ生まれのアメリカ育ちの少女だったとします。そしてある日突然、言葉も文化もわからぬ日本で、

「今日から会社を継ぎなさい。伝統文化を教える人になりなさい」

と言われたらどうしますか？　まずは、アイウエオの勉強からスタートする？　それとも英語で、日本について書かれた本を読みあさる？　いったい何から手をつけたらいいのでしょう。アメリカに帰ることもままならず、とにかく跡を継がねばならず、予定していた未来図をすべて変更せざるを得ないとしたら、どんな気持ちになるでしょう。

荒れる大洋の真《ま》っ只中《ただなか》に、頼りない小舟で漕《こ》ぎ出したようなあの日。

「コンニチハ」「アリガトウ」しか話せない二代目の出発点は、ただひたすら笑顔を作ることでした。

「わかりました」「ありがとう」は、満面の笑みで。

「わかりません」「ごめんなさい」なら、申し訳なさそうな笑顔で。

たったひとつしかなかった〝スマイル〟というコミュニケーションツールは、いまでも私の一番大切なものです。

私が二代目・山野愛子を襲名《しゅうめい》してから、二〇一四（平成二十六）年で三十年が経《た》ちました。数え切れない方々の教えと支えで、いまの私ができ上がっています。祖母・山野愛子は座右《ざゆう》の銘《めい》を、「人生はいつも富士山の八合目」であるとし、終わることのない修業を説《と》きました。そのたとえで言えば、私はまだ、富士山の五合目にも達していないでしょう。頂上ははるか上で、登れども届くことはありません。だからこそ私は登り続けるのです。

そして、気づけばいつも駆け足で、立ち止まることなく五十歳になりました。アメリカでは五十歳の誕生日を、「Over the hill」と呼びます。「人生の峠を越えた」とでも訳しましょうか。ブラックジョークの意味合いを込めて、「今後の人生は下り坂で、ご愁傷様《しゅうしょうさま》ね」と冷やかされるのです。誕生日の主役は黒い服を着せられ、パーティー会場は、黒い風船や黒いお皿、黒いナプキンなど、いかにも〝お気の毒〟な雰囲気の色に染まります。まるで喪《も》に服すかのような〝Over the hill の誕生日グッズ〟は、パーティー用品を取り扱っているお店には、必ず置いてあります。

アメリカで平凡な主婦としての人生を送っていたならば、私もその日には、友人たちに囲まれて、黒く飾られた部屋で、黒い服を着ていたかもしれません。けれど私は山野愛子として、日本で、大好きなピンク色のスーツや色とりどりの花々に囲まれて誕生日を迎えました。

目指す富士山の頂を見据えて、私はこれからも下ることなく、ひたすら登り続けていくことでしょう。この本は、その登山の途中で初めてふと立ち止まり、全速力で走り続けてきたこれまでの人生を振り返ってみたものです。ページをめくるあなたが、そんな私の半生を一緒に旅してくださることに、心からの感謝を送ります。

山野愛子ジェーン

目次

第2章　山野家の人々

第3章　二代目の試練

第4章　山野学苑理事長、そして教育者として

第5章　ジェーン流子育て

第6章　大胆かつ繊細なジェーン流生き方

第7章 『美道』とは

第1章
〝山野愛子〟という運命

日本の〝しきたり〟が残っていた山野家

私が〝二代目・山野愛子〟を名乗るようになって三十年が経ちました。順風満帆《じゅんぷうまんぱん》、何の苦労もせずに、初代の孫娘というだけで、すんなりその座に納まったラッキーな人と思われることも多々あります。反論しても仕方ないと、これまではそんな視線をあえて笑顔でかわしてきました。けれど、真実はだいぶ異なります。この機会に、いままで私が口にしてこなかったその成り行きを書き残しておきたいと思います。

父・正義《まさよし》がアメリカ在住時の一九六四（昭和三十九）年に生まれた私は、長男の第一子、すなわち直系の孫として、祖父母の強い希望のもと〝愛子〟と名付けられました。けれど、アメリカにおいての私の名前は〝ジェーン〟。当時まだ英語が堪能《たんのう》ではなかった父が、発音しやすいからという理由で決めたのだといいます。ですから、〝AIKO〟は私にとって単なるミドルネームという認識でしかなく、ふだんは名前を書くときも、〝Jane. A. Yamano〟と署名するだけで、〝A〟の持つ重みを、何ひとつ理解してはいませんでした。

三十八年前のある日、それまでカリフォルニアで暮らしていた私たち一家は、

「みんなで日本に帰ることになったよ」

という父の突然の宣言により、日本へ帰ってきたのです。

父と結婚した頃、日系三世の母は、小さな島国からやってきたこの青年が、いずれ日本に帰り、家業である美容の仕事に人生を捧《ささ》げるなんて、まったく思いもしなかったそうです。まして〝長男〟が、日本ではどれだけの意味を持っているかなんて、アメリカで生まれ育った母には、理解することも難しかったでしょう。両親はおそらく、長い時間をかけてたくさん話し合って、そのうえで私と妹の二人に帰国を〝宣言〟したのです。ですから、父も母も慌てた素《そ》振《ぶ》りがなく、「ちょっと旅行にでも行こうか」というような気軽さでした。

だからこそ私も、「ああ、ほんの少しの間日本で生活するのね」と、あまり深刻にならずに受け止めました。まさかそれから現在に至るまで、こんなに長く日本に根を下ろすことになるなんて、想像だにしていなかったのです。

ときおり訪れる、父の故郷・日本。ニューイヤーには〝オトシダマ〟という、大人が子供にお金をくれる不思議な習慣がある国。

「No thanks…（結構です……）」

祖父母から初めて小さな袋に入ったお金を渡されたときは、中身を覗《のぞ》き込むなり、びっくりして返してしまいました。すると、私たちが「人からお金をもらってはいけない」とふだんから言われていることなど知らない祖母の初代・山野愛子は、

「かわいくないね！　そういうものは、素直にありがとうと受け取るもんだよ！」

とぷりぷり怒ってしまい、両親をも巻き込んで、一週間ほど騒ぎが続いたこともありました。

十二歳の私はまだ幼く、好奇心に満ちあふれていました。アメリカが〝いつでも帰れる場所〟である限り、日本でさまざまな経験をし、不思議なものごとを見聞きするのは、楽しいイベントだったのです。

そんな感覚で日本にやってきたのですから、私たち一家は年に一度、アメリカに〝帰る〟のを楽しみにしていました。とりわけ日本語が話せず、自分の親からも遠く離れ、義弟たちやお弟子さんたちもたくさん寝起きする舅《しゅうと》・姑《しゅうとめ》の家に同居していた母をリラックスさせるためにも、年に一度のアメリカ里帰りは、私たち家族にとって〝楽しみ〟という以上の大きな意味を持っていたのです。

しかし、山野家においてはこの里帰りも、「じゃあ行ってきます！」というように、気軽に

はできませんでした。「行かせていただく」ものであって、大黒柱であった祖父・治一《じいち》の許可なしには、私たちは何ひとつ自由にすることができなかったのです。

毎年アメリカ行きの時期を設定すると、

「今年もアメリカに行かせてください」

と、父、母、私たち姉妹は座敷で正座し、土下座《どげざ》して山野の祖父母に許しを請《こ》うのが恒例《こうれい》でした。そのときの母の頭の下げ方が足りないと、父が、

「もっと低く！　もっと頭を下げるんだ！」

と、母の頭を、ぐいぐいと押さえつけたこともありました。

スイートな家庭人で、どんなときでも私たちを守り、いたわってくれる父も、山野治一・愛子夫妻の長男であると同時に、ヤマノグループ内で働く人間の一人として、なあなあになってはいけない立場だったのです。でも、そんな両親の姿は、子供心にあまりにショッキングな光景でしたし、そうさせている祖父の治一がとてつもなく恐ろしい存在に思えました。

アメリカ人はあいさつで頭を下げませんし、まして土下座などしたことのない母からすれば、慣れぬ動作への違和感で、屈辱《くつじょく》と恐怖が入り交じったことでしょう。そして、愛する妻の頭を力ずくで下げさせねばならなかった父も、どれだけ切なかっただろうかと思い起こすのです。

それは、古い時代の日本の上下関係を象徴するかのようなシーンでした。

アメリカにいた頃、海を越えてやってくる山野の祖父母には、穏《おだ》やかで優しく、笑顔の絶えない二人という印象を持っていました。祖父母と孫という関係でありながら、言葉が通じないために、何か言われてもまったく内容を理解できないこともありました。それでもお互いに微笑《ほほえ》みを交わし合って交流するという関係だったのです。

しかし、一家で帰国してから日本で見る祖父母の姿は、それまでには知る由《よし》もなかった威圧感いっぱいの〝絶対権力者〟でした。徒弟《とてい》制度が根強く残る日本の美容業界において、多くのお弟子さんたちに向けてけじめを示すためにも、山野治一・愛子夫妻は、身内である私たちに、もっとも厳しく接しなければいけなかったのだと思います。

二人が私たちをとても大切にしてくれていること、温かな愛で包んでくれていることは伝わってきていたものの、当時の私には、そんな祖父母の立場などは理解できませんでしたし、尊敬の気持ちは抱《いだ》いても、甘えてじゃれつくようなことは到底できませんでした。

突然突きつけられた〝継承者〟の重責

日本に帰ってきてからも、私はハイスクールを卒業するまで、美容の世界にはまったく関わらずに育ちました。祖父母の前では〝日本式〟にしなくてはならない場面も多々ありましたが、言葉も考え方も行動も、カリフォルニアガールのままだったのです。

そんな私に、青天《せいてん》の霹靂《へきれき》と言うべき大きな転機が訪れました。それは、ハイスクールの卒業式の夜でした。

十二歳から通った東京・調布市のアメリカンスクールを修了し、「これでやっとアメリカに帰れる、大学はカリフォルニアの学校に行こう」と解放感に満ちていた十八歳の私は、これからの人生をあれこれ想像し、希望に胸をふくらませていました。卒業式に出席するために、母方の祖父母もわざわざアメリカから来てくれていました。私はこの祖父母が大好きで、アメリカに帰りたいという理由のほとんどは、彼らの近くにいたいからだったと言っても過言ではありません。

――アメリカに帰ったら、アルバイトをしようかしら。子供たちに水泳を教えたら楽しそう。そして、週末は子供の頃のように祖父母の家に泊まりに行くのです。なんて穏やかで素敵なアメリカ生活なのでしょう。

思い描いてきた日々へのカウントダウンがスタートするはずだったその日、父が私を呼びました。

「ジェーン、ちょっといらっしゃい」

いつになく緊張気味の父の表情に違和感を覚えつつ、呼び出された応接間に入ると、上座には私たち孫もみな敬愛を込めて「おとうちゃま、おかあちゃま」と呼ぶ祖父・治一と初代・山野愛子が座り、私の両親、カリフォルニアから来た母方の祖父母も顔を揃《そろ》えていました。ふだん見せない険《けわ》しい表情の父、それに、上座に座る山野の祖父母の姿に、「あ……いい話ではないな」という予感がしたのです。

「そこに座りなさい」

父に言われておそるおそる腰を下ろし、まわりを見回すと、部屋の中は、しーんと静まり返っていました。

「ジェーンちゃん、今日はお話があります」

祖父が口を開きました。けれど、日本語が理解できない私には、彼が怖い顔をして何かを伝えようとしているということしかわかりません。すかさず父が通訳に入ります。

「ジェーン、山野愛子を継ぎなさい。二代目の山野愛子になるんだ」

前置きも何もない、突然のできごとでした。

――いったいどういうこと？　継ぐって、何の話？

混乱する私をよそに、祖父・治一は話を続けます。

「いますぐに、ここで答えを出しなさい。山野愛子を継いで、専門学校で美容の勉強を始める。それができないのなら、お前たち一家は全員、アメリカに戻りなさい。そして二度と、日本に帰ってきてはならない」

これが私の、ひいては私たち一家の今後の人生を左右する重大な通告だということを理解するまで、しばらくかかりました。しかもその衝撃《しょうげき》は、前触れもなく突然やってきて、私の即答を求めているのです。

「え……？」

答えに詰まる私に、父が神妙《しんみょう》な顔で、もう一度内容を説明します。

「おかあちゃまの跡を継いで二代目・山野愛子として、美容界に入る。または、一家でアメリカに帰り、もう二度と日本には来ない。どちらかひとつだよ」

何を問われているのか、その言葉自体は理解していました。でも、こんなに唐突な質問に、すぐに答えられる人が果たしているでしょうか？

「アイスクリーム、どっち食べる？　バニラ？　抹茶《まっちゃ》？」

すぐに溶けちゃうから、早く答えて、という感じです。

「バニラを選んだら、抹茶はもう二度と食べられないからね」

うーん、だったらどっちにしようかなあと、たかがアイスクリームだって多少は悩みたくもなります。けれど私が聞かれたのは、アイスクリームなどではなく、今後の人生の決断でした。

山野愛子を継ぐことになれば、私はアメリカの大学に行けなくなり、日本の専門学校で勉強し、美容家の道に入ることになります。美容の世界で先生になれても、幼い頃からの夢だった、水泳部の顧問《こもん》をやるような普通の学校の教師にはなれません。

かといって、一家でアメリカに帰り、二度と日本の土を踏んではならないとなると、父の仕事は、我が家の生活は、どうなってしまうのでしょう。

父は日本に帰国するとき、これからは山野家の長男としての責任を果たそうと、アメリカで得た地位や立場、財産をすべて処分し、未練《みれん》も何もない状態にしてきたのです。英語がわからなかった渡米当初は、ありとあらゆる仕事にチャレンジして食いつなぎ、まったく縁のなかった保険業界での成功につなげた父ですが、私がそこでひと言「継がない」と言えば、今度はやっと日本で積み上げたものを捨て、何ひとつ残っていないアメリカに戻り、また一から始めなければなりません。

私だけの気持ちか、家族みんなの今後か。どちらを取ればいいのかと考えたとき、私の心に強くあったのは、「自分勝手な思いで、家族をつらい状態に巻き込んではいけない」ということでした。家族が固い絆《きずな》で結ばれていた我が家では、自分のことより家族のことを優先して考えるのが当たり前でした。ですから、当時の私には、即答しろと言われれば、

「……わかりました」

と答えるしか、道はなかったのです。

いつかは山野愛子を継ぐ孫として出生《しゅっせい》してきた私。なぜその運命を十八歳になるまで誰も告げてくれず、心の準備や覚悟をさせてもらえなかったのでしょう。

その答えは、意外なものでした。のちに、父が誰かと話していたのを聞いたのです。

「どうしてジェーンに、跡取りの話を十八歳までしなかったかって？　別に明確な理由はない

んですよ。まあ、ジェーンが小さい頃は、母（初代・山野愛子）はまだ強く元気で、そう、強すぎるくらいの人だったから、跡取りの心配なんかしなくてよかったんです。それに〝山野愛子〟という名前を付けたんだから、ほかのチョイスはないんです。ジェーンは、なるべくして二代目になった。それだけでしょう」

なぜわざわざ言っておく必要があるのか、とでもいうような口調で話していた父の言葉通り、まわりはみんな、私が跡を継ぐのが当然と思っていました。当然だからこそ、あえて告げる必要もなかったのでしょう。知らぬは本人ばかりなりです。

また、このとき父は、こんなことも言っていました。

「ジェーンはハイスクールを卒業するまで、ヤマノグループがどんな会社で、どんな組織であるかもわかっていなかったけれど、父（治一）は、とにかくジェーンをアメリカの大学にだけは行かせるなと強く主張していたんですよ」

祖父は、私がアメリカの大学に進学したら、もう日本には帰ってこないだろうと考えていたようです。その祖父の不安は、まさに的《まと》を射《い》たものでした。跡取り宣言をされた数年後、妹のティナがアメリカの大学に行くことが決まったときも、私は、

「どうしてティナはよくて、私はダメなの？」

と、ごねてしまったくらいです。もしアメリカの大学に行っていたら、教師を目指し、アメリカに根を下ろした人生を送りたいと願ったでしょう。そう、行ったらもう、日本に帰ることはなかったはずです。

祖父・山野治一が亡くなった後、遺品の中から書き置きが見つかったと聞きました。

「ジェーンに山野愛子を継がせるように」

オフィシャルな遺言でなかったとはいえ、山野家において治一の決定は〝絶対〟であり、そのトップダウンに対して、〝NO〟は決して許されないのです。私には生まれたその瞬間から、ほかの選択肢など与えられてはいなかったのでした。

逃げ道を用意してようやく進んだ二代目への道

山野愛子の跡を継げという祖父の言葉を承諾《しようだく》してしまった私の未来から、一瞬にして、「アメリカに帰る」「母方の祖父母のそばで暮らす」というプランは消えました。ほぼ決まっていた進路も、楽しみにしていたキャンパスライフも、すべてサヨナラです。

それどころか、日本でも大学には行かず、すべての時間を二代目修業に捧げなさいと主張する祖父の治一に対して、おかあちゃまはいつものおおらかな雰囲気で、

「まあまあ、大学は行ってもいいじゃないの」

と助け舟を出してくれました。これでとりあえず、大学には行かせてもらえることになったものの、そのおかあちゃまでも、「あら、大学はアメリカの学校に行ってもいいわよ」とは言えないのです。ヤマノグループの表看板は確かに山野愛子でしたが、すべての実権を握っていたのは、祖父の治一なのでした。

不自然なほど静かになった部屋の中で、私に声をかける人は誰もいません。十八歳の女の子の、いっぱいいっぱいになってしまった心の内が見えているかのように、ただじっと、私が次に何を言うか、泣き出しはしないかとみんなが見つめていました。

その静寂を破ったのは、私が「パパ」と呼び慕う、母方・木村家の祖父でした。

「Just try!（とにかくやってみようよ！）ジェーンちゃん。それでもダメだったら帰ってきたらいいんだよ。何もやってみないで、無理だと決めちゃあいけないよ」

やらずに無理と決めつけて最初から逃げ出すのではなく、とにかくやってみる。ダメだったら、そのときに退却すればいいのだから。

単純かもしれませんが、このアメリカの祖父の言葉は、一瞬にして真っ暗になってしまった私の世界に、光を与えてくれたのです。

このときの祖父の言葉は、現在に至るまで、ことあるごとに私の胸に強く響き続けています。何しろあのときは、「ダメなら帰ればいい」という選択肢なんて、まったく思い浮かばなかったのです。後から別の選択もできるという安心感と希望の芽に、私の不安は一気に減りました。そして、「とにかくやってみよう」というモードに気持ちを切り替えることができたのです。

こうして逃げ道を確保したことで、ようやく私の心が安定していきました。

「これしかないんだ」「これがダメだったらもう終わりだ」と思いながら何かに挑戦するのはつらいものです。もちろん、適当にやってみて、ダメなら「はい、次」といういい加減な気持ちではなく、できるところまで精一杯やってみて、それでもダメだったら、という条件付きの〝逃げ道〟です。自分の中で、そんな道をもうひとつ用意しておけば、「じゃあやってみよう」と一歩前に進む勇気が出てきます。もしも一本道の行く先が崖《がけ》で、失敗したら飛び降りるしかない、となれば、進むことすら恐怖となってしまうでしょう。

目の前にある道を前に進むために、心の中にもうひとつの選択肢を残しておくことは、とても大事なことだと思います。

これ以降、山野愛子の後継者として、見習いの日々に突入した私でしたが、この〝逃げ道〟がなければとっくにギブアップしていたことでしょう。

パスポートがお守りがわり

心の中に〝逃げ道〟を用意して山野愛子の跡継ぎとなることを選んだものの、その道は決して平坦《へいたん》ではありませんでした。苦しいとき、つらいとき、私を支え続けたこの〝逃げ道〟の象徴は、母との大ゲンカの末に手に入れたパスポートでした。

「ママ、パスポートをちょうだい」

「なぜ必要なの？　渡せないわ」

「どうしてもいるのよ。お願いだからパスポートをちょうだい！」

あの頃、ちょっとでも私の姿が見えないと、「もしかしてアメリカに帰ろうとしているんじゃないか」「空港に行ったんじゃないか」と騒ぎになるほど、私の里心《さとごころ》は誰もが知るところでした。そんな私がパスポートを持っていれば、なんとかお金を工面《くめん》して、勝手に飛行機に乗ってしまいかねない――周囲は常にそんな心配をしていました。だから母は私のパスポートを隠してしまい、なかなかこちらに渡してくれなかったのです。

跡継ぎへの道を歩き始めたその瞬間から、私の人生において最悪の夏が始まりました。本来ならばアメリカに帰り、母方の祖父母のもとで甘えながら、カリフォルニアのさわやかな気候を楽しんでいたはずです。キャンパスライフの準備をするかたわら、海に通い詰めて、真っ黒になっていたかもしれません。

その代わりに私が見ていたものは、日本の海でした。祖母でありながら師匠となった初代・山野愛子の仕事に同行する長い旅では、大きな旅行鞄《かばん》を五つも六つも運びつつ、さらに祖母がいただいた花束を抱えて列車に乗って、降りて、乗って、降りてを繰り返す夏。熱海に行って太平洋を見れば、「この海はアメリカにつながっているのね」と思い、空港に行けば自然とアメリカの航空会社に目が吸い寄せられていました。

そんな状態でしたから、母に懇願《こんがん》し、泣きつき、大ゲンカとなった末に、なんとかパスポートを手に入れたときの喜びといったら、このうえないものでした。

――これで私は、いつでもアメリカに帰れる！

小さな青いパスポートは、私の命綱《いのちづな》です。これさえあれば、私はいつでもこの世界から逃げ出して、自分の望んだ人生を歩み直すことができるのです。

しかし不思議なもので、パスポートを手に入れた途端、私の〝帰りたい病〟はぴたりと鳴りをひそめました。これでいつでも帰れる、だから安心なのです。パスポートを持ったことで、逆に腹をくくれた、とでも言いましょうか。常に持ち歩いていたパスポートが、〝逃げ道〟を象徴するお守りとなったのです。

——Just try! やれるだけやってみよう。行けるだけ行ってみよう。何も怖くない。私にはいつでも帰れるパスポートがあるんだもの。

そんなふうに考えられるようになったのでした。

さらに、友人たちがそんな私を支えてくれました。彼らは私のアメリカへの思いをよく知っていたにもかかわらず、パスポートを手に入れたからといって、

「ジェーン、いいよもう、アメリカに帰ってもいいじゃない」

とは誰一人言いませんでした。落ち込み、苦労や不安を毎日のように口にする私を前向きに励まし、日本に留《とど》まる気持ちをつないでくれたのです。

あのとき、誰かたった一人でも、「もういいじゃない、そんな思いしなくても。十分やったよ。帰るべきだ」と言っていたならば、「そうか、やめてもいいのね」と許可をもらったような気持ちになって、結果、いまの私はなかったでしょう。張りつめた気持ちは、身近な人の言

葉ひとつで、進退どちらにでも転ぶものです。

結局それから三十年が経ち、私のパスポートは、その後何回かの更新を経たものの、一度として逃げるために使われたことはありませんでした。スタンプを押す場所を見つけるのに一苦労なほど海外との行き来を繰り返すいま、空港に行くたびに、隠し持ったパスポートをそっと指でなぞっていた、十八歳の私が鮮やかによみがえるのです。

未婚時から始まった〝三代目〟へのプレッシャー

家庭を持てば、いいえ、家庭を持たずとも、男女が愛し合いさえすれば赤ちゃんはすぐにやってくる。これが一般的な妊娠のイメージかもしれません。私もまた、子供とは望めばすぐに持てるものだと思い込んでいました。

私はもともと、子供が大好き。長年、競技水泳をしてきた関係で、子供と触れ合う機会は学生時代からたくさんありました。ハイスクール時代には、体育の先生に頼まれて、小学生の水泳授業で助手を務めたものです。教師になりたいという夢を抱くようになったのも、水泳のレッスンを通して見てきた子供たちの姿によるものが大きかったと思います。ともに学び、努力し、最後は困難を乗り越えて笑顔になる子供たちを見守ることを一生の仕事にしたい、と何度思ったことでしょう。その夢は水中ではなく陸の上で、山野学苑の理事長職に就《つ》くことで叶《かな》えることができました。いまは、教育の現場に関われる幸せを噛《か》みしめている毎日です。

とはいえ、「子供が好き」というのと、「自分の子供を持ち、育てる」ということは、まったく違います。いつかは家庭を持って、子供を育てるというおぼろげなイメージこそありましたが、私の場合、当初それらは温かで穏やかな、幸せの象徴のような想像ではありませんでした。

何しろ〝二代目・山野愛子〟となったその日から、

「早く結婚を！」

「とにかく結婚を！」

「何が何でも結婚を！」

というプレッシャーがかかり始めたのです。中には「とにかく早く、山野愛子のひ孫を！」と先走る人もいて、これには困惑しました。当時私はまだ十代。愛だ恋だと浮かれる時間もなく、突然放り込まれた見知らぬ世界で、必死にもがいていたのです。当然、結婚など考える余裕があるはずもなく、まして「子供を！」と言われても、これは何の冗談だろうかと、目を白黒させることしかできませんでした。

けれど、周囲の人たちにとっては、「早く結婚を」「早く子供を」というリクエストは、冗談でも何でもない、真剣な願いだったのです。山野愛子という美容家の長男・山野正義。その長女である私は、二代目となるだけではなく、〝山野愛子の遺伝子を残す義務〟をも持って生まれてきたことを、このとき思い知らされました。

こうして、まわりの過度《かど》な期待と、〝跡継ぎ〟のことなど特に気にしない私との温度差やペースのずれは、その後何年にもわたって続いていくことになります。

「早く子供を！」のシャワーをもっとも私に浴びせたのは、意外にも父・正義その人でした。

「早く赤ちゃんをね」

「子供を産みなさいよ」

ことあるごとにそう繰り返す父に対して、

「ダディ、私まだ結婚もしていないのに！」

と、何度言ったことでしょう。それでも父は、

「いい、結婚はもう、たとえしなくたっていいから、とにかく子供だけは産むんだよ！」

などと、ますます過激《かげき》な願いを口にするのです。若き日にアメリカに単身乗り込んだ父は、数十年のときを経て、物腰も感覚もアメリカ人そのものになっていたはずです。しかし、こと〝山野家〟が絡むと、その瞬間に古き風習と伝統を重んじる日本男児、長男としての責任感にスイッチが入るようでした。

山野愛子の〝跡継ぎ〟の〝あ〟の字もピンと来ていない私に対し、父の頭は〝赤ちゃん〟の

〝あ〟でいっぱい。「結婚しなくてもいいから、子供だけ産め」だなんて、とても父親が娘に言うセリフとは思えません。冗談好きでいつもまわりを明るく盛り上げる父のことですから、「もしかしたらこれもジョーク？」と思いきや、父の目は笑っていませんでした。

そして私が結婚した途端、シャワー程度だった〝赤ちゃんまだなの攻撃〟は、集中豪雨のような勢いで、連日私の頭上に降り注ぐことになったのです。

その頃、我が家にはすでに、四人の赤ちゃんがいました。私の最愛の妹・ティナが、年子で二組の男の双子に恵まれたのです。つまりは乳幼児が一気に四人。その忙しさ、慌ただしさ、母親の疲労や寝不足は、想像を絶するものがありました。父と母の、彼らに対する溺愛《できあい》ぶりは見ていて微笑ましい限りで、私もまた、かわいくて仕方のない甥《おい》たちの成長を見届けたい、ティナの助けになりたいと、全力で四人の育児に励んでいたのです。

だからといって、「もう四人も孫がいるのだから、私にそこまで言わなくてもいいじゃない！」とは言えないのが、日本の文化。父にとって四人の男児の孫たちがかわいいのは当たり前で、なおかつ〝長女の子供〟も必要というわけです。

欧米では、事情があって子供を持てなかったり、経済的に余裕のある夫婦が、養護施設などから子供を引き取ることがごく普通に行われています。王室などは例外でしょうが、一般的には〝跡を継ぐ〟という感覚はあまりなく、まして〝血脈〟という観念・感覚は、日本人のそれに比べればはるかに乏《とぼ》しいように思います。白人の夫婦が、アジア人の子供を連れて歩いている、といった家族連れもアメリカでは決して珍しくありませんが、日本人には理解しがたい感覚なのでしょう。すっかりアメリカナイズドされているはずの父も、その点だけは絶対に譲《ゆず》れないようでした。つまり、私が自分で子供を産まなければならないのです。

ところが、その頃の私は、妹の子育てを手伝うだけで「もうたくさん！」という気持ちになっていました。赤ちゃんがどれだけかわいくとも、育児をしていると肉体は間違いなく疲れます。「へとへと」という言葉がぴったりの日々の中、私は甥たちの小さな肌着を畳みながら、

――青……緑……男の子の色合いばっかりね。

と、いつかは自分にやってくるかもしれない、母親になる日をぼんやりと想像していました。

――女の子がいいな。大好きなピンクを着せたいな。

男の子の服ばかり見すぎたからか、男の子らしい寒色系には食傷気味《しょくしょうぎみ》になっていたのです。

――男の子は、愛《いと》しいこの子たち四人で十分！　私は女の子がほしい。

甥たちの世話をしながら、いつしか私は〝山野愛子を継承するための子供〟ということではなく、〝私自身の子供〟という存在について、思いを馳《は》せるようになっていました。

父の言葉に秘められた使命

後年、長女のミアが誕生したとき、周囲の人々は、

「山野愛子の跡継ぎとして、女児は理想的だ」

「ジェーンにとってもこの結果は望んでいたことでしょう？」

と言ってくれました。けれど、女児誕生に喜ぶ人たちを前に、まさか、「男の子の服はもう十分見たから、ピンクの服を着せられる女の子がよかったんですよ」などとは、絶対に言えませんでした。


もともと私と夫のスタンリーにとって、ミアが「山野愛子の跡継ぎである」ということは、あまり意味のないことでした。正直なところ、女の子でも男の子でも、どちらだってよかったのです。「山野愛子のDNAを守りたい」という周囲の思いとは無関係に、私たちは単純に家族が、私たち二人の子供がほしかっただけでした。

結婚が三十六歳と遅かったため、いま流行《はや》りの言葉でいう〝妊活《にんかつ》〟も、スタートは遅くなりました。近年では、現代に生きる人間のストレスのせいなのか、食や住環境の変化のせいなのか、女性の妊娠、出産は、自然の流れで起こるものばかりでは決してなく、多くが〝努力して得られるもの〟に変わりつつあります。もっとも、一昔前だって、子供を得るために苦労したご夫婦は数多《あまた》存在していたと思います。けれど、そういったことは公《おおやけ》に語るべきものではなく、また、現代のように医療の力を借りられる問題でもなかったのでしょう。

我が家にもまた、コウノトリがなかなか飛んできませんでした。妊娠することがこんなに大変で難しいなど、思ってもみなかったのです。はじめのうちは「まあ、そのうちに」と、多少の余裕もありました。しかし、山野学苑の経営陣として慌ただしい日々を過ごすうち、年齢的な問題もあり、いつしか私たちは〝そのうち〟を諦《あきら》めて積極的な不妊治療に乗り出すことになったのです。

治療にはさまざまなアプローチがありますが、いざ始めるとなると、たとえば大大大嫌いな注射や検査なども受けなければなりません。通院の日々は、そのような肉体的な苦痛だけでなく、あらゆるプライバシーをお医者様に伝えなければならない精神的な苦痛をも伴《ともな》いました。

それでも、愛する夫との間に赤ちゃんがほしいという願いのみが、その頃の私を前に進ませていたと思います。そして相変わらず、「跡継ぎを産まねばならない」という考えは、夫婦の間では一切湧《わ》き起こらず、話題にもなりませんでした。

この頃、誰よりもじりじりしながら〝そのとき〟を待っていたのは、おそらく父だったと思います。相も変わらぬ「赤ちゃんはまだか」という質問が、私にとってはどんどん苦しく、重くなり始めていました。

「もうその話はしないで」

「そのうち、そのうちにね」

どれだけはぐらかしても、かわしても、払《はら》いのけても、父の「まだ？」は続きます。そしてある日の「まだ？」で、私の我慢《がまん》は限界を超えてしまいました。

「もうやめて！」

強い口調で拒絶した私の言葉に、父の顔がこわばりました。父は私たち家族にとって絶対の存在であり、それまで私はどんなときでも、父に対して何かを強固《きようこ》に言い張ったり、歯向かったりしたことはありませんでした。そんな従順《じゆうじゆん》なはずの長女が、人生で初めてといってもいいくらい激しく、父に向かって叫ぶように訴《うった》えたのです。

「こんなこともした、あんなこともした、それでもダメで、これでもダメで、でもまた、こういうことにチャレンジしているのに……」

そのときの会話の内容は、興奮していたせいか、私ははっきりと覚えていません。ただ、どれだけ待ち望んで努力しても、赤ちゃんが来ないということを、あらん限りに叫び続けたのです。

その日以来、父はぴたりと「まだ?」を言わなくなりました。父の沈黙はプレッシャーからの解放を意味していたためありがたくもあり、一方で、跡継ぎを諦めさせたかのような思いにとらわれ、つらくもありました。父親に反抗してしまったという罪悪感もありました。

けれど私は、「ジェーンとティナのためならなんだってする!」と公言してはばからない優しい父が、なぜそうまで頑《かたく》なに、私にとってつらい質問を投げかけ続けたかという理由を、このときはまだ、はっきりと理解していなかったのです。

心痛を忙しさで忘れようとした日々

父との言い合いや、努力しても子宝に恵まれないという長く重い葛藤《かっとう》のときを経て、ある日、私はお医者様から妊娠していることを告げられました。四十一歳のときのことです。けれど、その通達はあまりにも突然で現実味もなく、まだぺたんこのお腹《なか》を触っても、ますます現実感が遠のくばかりでした。不妊治療の日々に疲れ果てて、感情が麻痺《まひ》していたのかもしれません。

典型的な理系人間である夫のスタンことスタンリーは、ふだんから、「うわあ！」と喜びを身体《からだ》いっぱいに表現することがない、常に落ち着いたタイプの人間です。ですからこのときも淡々と、冷静に、どちらかといえば「本当かなあ」という気持ちで疑心暗鬼《ぎしんあんき》だったと思います。

とうとう私たちのもとにも、赤ちゃんがやってきた！　うれしい。もちろんうれしいに決まっています。けれど胎嚢《たいのう》を確認するまでは、心拍を確認するまでは、そうおおっぴらに喜ぶこともできません。ごくごく身内のみに、この事実を伝えたものの、この段階ではまだ誰一人わくわくしている人はいませんでした。私自身も、妊娠が確定するまでは、目の前にある仕事をひとつひとつ片づけていかねばならない、という責任感にとらわれていたのです。

初の妊娠で、しかも高齢出産です。けれど私には、慎重に行動し、経過観察をする余裕がありませんでした。ちょうどそのときは、毎年末の恒例行事となっていたフランスへの研修旅行をはじめ、もろもろの仕事が重なっていました。立場上、「妊娠してるから、私、研修旅行には行かない」などとは、絶対に言えなかったのです。

私とスタンの、初めての赤ちゃん。きっと強く、きっとともに頑張って、何があってもこのお腹の中で育ってくれる――私にできるのはそう願うことくらいで、転ばないように気をつけるとか、いつもより睡眠時間をとるといった、妊娠初期に当然すべき気遣《きづか》いも、目の前のスケジュールに忙殺されて、後回しになっていました。いつもと同じか、それ以上に早足で走り回るのが年末です。まして私のスケジュールはときに分刻みで、移動の乗り継ぎ時には乗り物から乗り物へとダッシュしなければならないことも、よくありました。単なる比喩《ひゆ》ではなく、〝師走《しわす》〟は文字通り走り回る月であり、立ちっぱなしの講演も多く、安静どころかアスリートのような日々だったのです。

そんな怒濤《どとう》のような年末年始を乗り越え、研修旅行を終えて帰国したとき、検診で訪れたお医者様の声が、私の心に突き刺さりました。

「お気の毒ですが……赤ちゃんが……」

それからしばらくのことを、私は思い出すことができません。後から聞けば、ただただ泣き叫んでいたそうです。スタンがずっと、片時も離れずそばにいて、泣くことしかできない私の肩を抱き、背中を撫《な》でてくれていたと聞きました。

私はどうしてベイビーを守ってあげられなかったの。私はどうして、もっと慎重に生活できなかったの――。たくさんの「どうして？」が頭の中をぐるぐると回り、ベイビーを失った身体はたとえようもなく重く感じられました。

けれど、病院から戻ればすぐに仕事をしなくてはなりません。私は〝山野愛子〟なのです。講演があり、テレビのロケがあり、ショーがあり、会議があり、その間は笑顔で、ただ、ひたすら笑顔で日々を乗り切っていくしかありませんでした。

たった一日でいい、せめて半日でもいいから、私たちの赤ちゃんを思いながら、夫と二人で静かな時間を過ごしたい――けれど、それが叶わないということも知っていました。立場上、私が歩みを止めてしまえば、機能しなくなるものが、たくさん出てきてしまいます。ひいてはそれが、山野学苑と、学苑に関わる多くの方々にご迷惑をかける結果となるのです。

初代・山野愛子は、休むということを知らない人でした。怪我《けが》も病気も、彼女にとっては休む理由にはならなかったのです。山野愛子を引き継いでから、その師に付き従って生きてきた私は、いつの間にか〝休む〟〝立ち止まる〟という選択肢を失っていました。

この頃は、その習慣がかえってありがたいものだったように思います。忙しく動き回ることが痛みを麻痺させてくれるような気がして、私はその時期、何かに憑《つ》かれたかのように働き続けました。

それまで以上に仕事に打ち込んでいたあの頃、本当に近い存在の人たちの前では、いつも忘れないようにしていた〝スマイル〟を見せられない日もたびたびありました。けれど、そんな私を、みなさんがそっと見守ってくれたのです。

運命の予感

忙しく過ごすことで悲しみをまぎらわせ、なんとかして気持ちを立て直せたとき、私たちはもう一度前を向くことに決めました。神様が連れて行ってしまった赤ちゃんは、きっと次のチャンスを見守ってくれるでしょう。そのチャンスが与えられるかどうかはわかりませんでしたが、仕事の合間をぬっては病院に通い、私たちの不妊治療は続きました。

不幸なできごとを乗り越えてからは、あまり子供のことばかり考えて思いつめぬよう、仕事に没頭《ぼっとう》しつつ、ときには気分転換もしながら、私たちはじりじりと〝そのとき〟を待つことにしました。

そして、ある日。

「スタン、妊娠検査薬を買ってきてもらってもいい？」

私には予感がありました。

「五本、買ってきてほしいの」

「五本も？　そんなにいるの？」

「五本ほしいの。お願い、買ってきて」

夫は薬局に出かけ、

「これは二本入りですから、五セット買うと十本になっちゃいますよ」

という薬屋さんの呆《あき》れ顔に見送られながら帰宅しました。私はその十本をすべて使い切ろうと、朝調べて、昼調べて、夜調べて、と、マッドサイエンティストのごとく、検査薬を使い続けたのです。

妊娠検査薬にもさまざまな形状がありますが、私が使ったのはスティック状のもので、尿をかけると妊娠反応がラインとして浮かび上がります。

朝、一本目。反応、なし。

昼、二本目。ついに出た！　赤いライン！

夜、三本目。やっぱり出てる！

私のお腹に、ふたたびベイビーがやってきてくれたのです！　何度確認しても、何度検査薬を替えても陽性反応が出る、もう間違いない、という確信が持てるところまできて、ようやく私たちは病院に行きました。

「ぐぐっ……」

ベッドの上に横たわって検査されている私の耳元に、くぐもった声が聞こえてきます。ふと見ると、いつも担当してくださる看護師さんが泣いているのです。

「よかった……よかったですね……」

涙は部屋中に伝染し、私もまたあふれる涙をこらえることができなくなりました。

「本当は患者さんの前で泣くなんて……いけないのに……」

看護師さんが目をこすっています。その姿に、私はただただ、感謝の気持ちしかありませんでした。

私たちにとって、その涙がどれだけありがたかったことでしょう。本来ならば夫婦二人で築き上げていく家族を、私たちはたくさんの医療関係者の助けや励ましのおかげで持つことができたのです。まだ実感のないお腹に、今度こそ生まれてくるべき命が宿っています。また失ってしまうのではという恐怖こそあれど、感謝と、喜びと、これまでの治療の日々がよみがえり、私はいつしか泣き笑いをしながら、静かに微笑むスタンに抱きしめられていました。

かくして、私の妊婦生活は幕を開けたのです。

長となる者が背負《せお》うもの

妊娠が判明したものの、やはり私は仕事量を減らすことができず、さらにその年には日本舞踊の稽古《けいこ》が入っていました。朝丘雪路《あさおかゆきじ》先生とご一緒の舞台に上がらせていただくことになっていたのです。

日本を代表する名女優であり、日本舞踊・深水《しんすい》流の家元でもある朝丘先生は、祖母とも長いおつき合いで、幼い頃からかわいがっていただいた私にとっては、踊りのお師匠さんなのです。この年、深水流二十周年の記念すべき公演が歌舞伎座《かぶきざ》で行われる運びとなり、その栄《は》えある舞台に私を上げてくださることになっていました。絶対に失敗できない舞台。光栄と緊張の間で慣れぬ所作《しょさ》を繰り返しながら、汗だくの稽古が続きました。

――もう恐れるのはやめよう。

仕事に稽古にと、めまぐるしい日々を送りながら、私は心に決めました。運命がこの子を必要としているなら、きっと生まれてくる。何があっても、私のお腹に留まってくれるでしょう。

「これからは、少し強くならなければ」

自戒《じかい》を込めて、母になる決意をつぶやいた日もありました。

とはいえ、母という自覚以前に、目の前の仕事に集中すると、ついつい妊娠していることを忘れてしまうのです。しかしそのあたりは秘書がきっちり管理してくれました。たとえば取材のお仕事が入っていても、予定時間を少しでもオーバーしたら、

「はいっ！　もうお時間ですから失礼いたします」

と、取材を切り上げてくれるのです。そんな彼女がいなければ、私はいつまでもインタビューを受け続けていたに違いありません。

やがて胎嚢と、小さなライトがせわしくチカチカするような心拍を確認し、妊娠が確定した時点でようやく、私たちは家族にそのニュースを伝えました。何しろそんな話を早い段階で父に言ったら最後、あまりのうれしさに、校内放送で発表でもしてしまいかねません。

今度こそと力むこともなく、過剰《かじょう》な不安にとらわれることもなく、自然体のまま仕事中心に突き進んだ九か月のち私たちのもとにやってきた天使は〝山野愛子ミア〟と名付けられました。母親が出産前日まで睡眠不足でふらふらになり、バタバタと駆け回って働いていたにもかかわ

らず、無事に生まれてきてくれたミアは、生後一週間で私とともに学校のステージに上がりました。生まれ落ちた瞬間から〝三代目・山野愛子〟を期待される彼女ももう八歳になり、大人顔負けの美容センスを見せ始めています。

「ジェーンとティナのためだったら、何だってするよ」

と言っていた父の決めゼリフは、

「ミアのためだったら、何だってするよ」

に変わりました。

そして私は最近になって、あの頃あれだけつらかった、父の「まだ？」の理由をおぼろげに理解し始めたのです。

初代・山野愛子・治一夫妻から受け継いだヤマノグループを、いかに充実させて次世代に手渡すか。それは長男であり、企業家である父の、何よりも大切な使命であり、責任でした。家庭人でありながら、会社全体を考えねばならないリーダーから見れば、私は娘であると同時に、山野一族の今後を背負った存在でもあったのです。父の「まだ？」は、単に孫を心待ちにするおじいちゃんのせっかちな質問ではなく、会社の行く末を案じる響きが含まれていたのです。

私はそのことに、ミアという子をさずかり、二十年、三十年後の未来について考え始めてようやく気がつきました。

会社と、そこで働く人々を家族として思い、常に全体を見渡す必要がある父にとって、私の発した「もう聞かないで！」は、どれだけ利己的に響いたことでしょう。私は、私のことしか考えていなかったのだと、つくづく思い知らされました。

いま、山野学苑を経営する立場となって初めて、父の気持ちを想像すると、家族経営の会社の中で公私を区別することの難しさを痛感します。

「ミアのためなら、何だってするよ」

現在、父がこのセリフを笑顔で言えるようになったことに、私は日々感謝するばかりです。

第2章

山野家の人々

日本の美容界をきり拓《ひら》いた初代・山野愛子と治一夫妻

私の半生を振り返るにあたって、まずは〝山野家〟について説明しなくてはなりませんね。美容業界の方以外でも、『山野愛子』もしくは『山野一族』については、どこかで耳にしたことがある方も多くいらっしゃるかと思います。

私たちが「おかあちゃま」と呼ぶ初代・山野愛子は、大正から昭和にかけて日本の美容業界をリードした、美容師の草分けです。いまは珍しくもなんともないパーマも、おかあちゃまが日本中に広めた技術でした。

好奇心と研究心が旺盛《おうせい》だった祖母は、〝髪を切る〟そして〝結《ゆ》う〟という美容師としての活動だけに止まらず、八十三日間で世界一周をしながら外国人が日本の着物文化に触れるきっかけを作ったり、父が留学していたロサンゼルスにビューティスクールを開校したり、花嫁のクイックチェンジショーを世界中で行ったりと、日本の美容文化を世界に広めた先駆者《せんくしゃ》でもありました。

近年は〝カリスマ美容師〟などという言葉も生まれましたね。けれどその昔、美容師の社会的地位は、決して高くありませんでした。いえ、どちらかといえば、「たかが髪結《かみゆ》い」という蔑《さげす》みの言葉を受けることさえあったようです。祖母も、世界の舞台で活躍するようになってもなお、「髪結いふぜいに何ができる」と言われたことがあったそうです。

いま、カットをはじめ、日本の美容師の技術力は世界のトップと言っても過言ではありませんが、〝カリスマ〟と敬意を込めて呼ばれるほどの職業になった背景には、初代・山野愛子の努力があったと、私は胸を張って言っています。

その祖母のお母さん、つまり私の曽祖母《そうそぼ》は、当時の女性にしては珍しく、「女も手に職をつけて働くべきだ。自立すべきだ」と、まだ幼かった祖母に言い聞かせていたといいます。そんな曽祖母の考えを刷り込まれて育った祖母は、十四歳のとき、関東大震災に見舞《みま》われました。被災《ひさい》した人々は生活に追われ、食うや食わずの状況だったそうです。しかしそんな苦境の中にあっても、女性たちがそっと手鏡を取り出し、ほつれた髪を直していた姿に心を打たれた祖母は、一九二五（大正十四）年に、十六歳という若さで美容院『松の家《や》』を開業。二年後には、それが『美容の殿堂《でんどう》・山野美粧院《びしょういん》』に成長します。

一九三四（昭和九）年には、お客様に美容を施《ほどこ》すのではなく、美容を志す者に教えるための『山野美容講習所』を設立。これが、日本で初めて開校された、本格的な美容師養成専門学校です。その後、第二次世界大戦に突入したのち、終戦後の一九四九（昭和二十四）年には、現在代々木にある山野美容専門学校の前身『山野高等美容学校』を開校します。以来、初代・山野愛子は生涯をかけて女性がきれいになるお手伝いをし続けてきました。

その伴侶《はんりよ》となったのが、祖父・山野治一でした。

治一は結婚後、お堅《かた》いお役所仕事と、芸能である琵琶《びわ》のお師匠さんという二足のわらじを履《は》きつつ、〝美容家・山野愛子〟の裏方として働き始めたのですが、当初、世間の目は冷たかったそうです。

みなさんは、「髪結いの亭主」という言葉をご存知でしょうか。「女房を働かせて放蕩《ほうとう》している男」という意味の悪口で、祖父のことをそう揶揄《やゆ》する人もあったようです。けれど、そんなやっかみとも、嫌味とも言える世間の声を、治一は撥《は》ね返しました。山野愛子という名前がどれほど広まっても、山野愛子がどれだけ華やかに活躍をしていても、決して表舞台に上がろうとしなかった治一は、実は、放蕩どころか、有能で勤勉な裏方だったのです。

山野愛子がタレントだとすれば、治一は彼女を世間に売り出すエージェントでした。祖父はプロデュース能力に長《た》け、そこに人生をかけたのです。祖父がすべてを統制していてくれたからこそ、祖母は安心して、美容家として発想の翼を自由に広げることができたのでしょう。

初代・山野愛子は感性の人でした。類稀《たぐいまれ》なる美的感覚と、時代を先読みする勘を持ち合わせていたのだと思います。しかし人の感性は〝目には見えないもの〟ですから、たとえそれがどれほどいいアイデアであっても、実際に見えるもの、触れるものにしない限り、世間では認知されません。山野愛子の夫であり、仕事上のアドバイザーである山野治一は、たとえば、当時は輸入品しかなかったパーマネントの機械を自作して販売し財を成すなど、妻の意見や感性を実用化し、形にして世の中に広めるという、きわめて重要な役割を担っていたのです。

結婚前は、「子供はほしいけれど、男の人なんて大嫌い！」と思っていた祖母は、お嫁に行く気などまったくなく、誰でもいいから山野の家に婿《むこ》に入ってもらい、子供ができたらお別れしましょう、という一風変わった結婚観を持っていました。一方で、堅実だけれど決して高給取りとは言えなかった役所勤めの治一は、もうひとつの職業・琵琶の公演をするために借金を重ねており、結納金《ゆいのうきん》が必要でした。二人の思惑《おもわく》は見事一致して、世にも変わった夫婦は誕生したのです。当初は十年で別れるつもりだったそうですが、名コンビの仕事は波に乗り、子供も生まれ、人生のイベントが続き、十年経つごとに、

「じゃあ、もう十年一緒にいましょうか」
などと言っているうちに、生涯を添《そ》い遂げました。別れを前提《ぜんてい》にしていたため、しばらくは籍も入れなかったというから驚きです。

周囲から見ればなんとも不思議な夫婦の形ですが、仕事に没頭する山野愛子と、それを上手にリードする山野治一は、出会うべくして出会った運命の相手同士だったのかもしれません。

山野愛子・治一夫妻には、六人の息子が生まれました。その長男が、私の父である山野正義です。いまよりもずっと、長男という立場が重要で確固たるものだった時代にあって、その跡取り息子を「十年だけ」という約束で、海外に送り出した祖父母は、先見の明があったということでしょう。「世界で通用する人間になれ」という治一の教育方針を胸に、父・正義はロサンゼルスへと旅立ちました。

いまでこそ海外は近くなりましたが、その頃、渡航はある意味命がけであり、家族とはもう会えないかもしれないという覚悟を伴うものでした。

――いつかこの十年が、山野にとって大きな財産になる。

治一はそんなふうに感じて、長男を送り出したのかもしれません。寡黙《かもく》だけれど、誰よりも子煩悩《こぼんのう》な人だったといいます。

一方で、表向きは気丈《きじょう》にしていても、遠く離れてしまった長男への想いがとても深く強かった祖母は、その気持ちを歌にしたためました。

「アメリカに学ぶ我が子に願うなり　時々帰れ母の夢路《ゆめじ》に」

もっとも、十年という期間は、見知らぬ国で苦労しながらも、新しい体験を重ねる若者にとっては短すぎたようです。長男の帰国まで、山野愛子・治一夫妻はさらに十年、つまり、合計二十年も待たなければなりませんでした。

アメリカンスタイルで
ヤマノグループをさらに成長させた父・正義

一九三六（昭和十一）年生まれの父は、十八歳だった一九五五（昭和三十）年に在学していた学習院大学を中退して単身渡米しました。そしてカリフォルニア・ウッドベリー大学で政治経済を学び、卒業後はそのまま米国のビジネス界に身を投じたのです。渡米直後は英語をひと言も話せなかった父は、ありとあらゆるアルバイトをしながら、家業の美容とはまったく関係のないジャンルでの成功を目指しました。

やがて日系三世である母・ダイアン栄子《えいこ》と結婚し、長女の私が物心ついた頃には、保険業界のトップを走る有能で裕福なビジネスマンとなっていました。渡米してからの十数年で、山野正義という十八歳の少年は、カリフォルニア州ナンバーワン、全米でも二位というエリート保険外交員に成長し、永住権を与えられるまでに至ったのです。

当時、アメリカンドリームをつかんだ日本人二人が、「東のロッキー青木（ステーキのＢＥ

ＮＩＨＡＮＡ創業者）、西のマイク山野」と呼ばれていたそうで、父のサクセスストーリーから何かを学ぼうと、大勢の人たちが我が家にやってきました。中には現在政財界で活躍されている方々もいて、後になればなるほど、父の大きさを感じたものです。

保険外交員として、家業とは違う業界での成功を夢みていた父でしたが、渡米してすぐの一九六一（昭和三十六）年、初代・山野愛子・治一夫妻がロサンゼルスに開校した『ヤマノ・ビューティ・カレッジ』の副理事長に就任しました。その後、父は保険の仕事で築いた人脈を生かし、この学校の発展に多大な尽力をしたと聞きます。ここで美容師をしていた母・ダイアン栄子とも出会ったのですから、父にとっては思い出深い仕事のひとつと言えるでしょう。

また、その頃から世界中の美容関係者が集う展示・競技会である『インターナショナル・ビューティ・ショー』の審査員に任命された祖母の通訳としても、世界中を飛び回るようになりました。

祖父母のアイデアや本人の意欲をすぐに形にするべく動き始め、日本国内に止まらず、山野愛子とともに世界中を駆け回る美容界の山野正義。父は、インターナショナルとは言いがたかった当時の日本美容界において、風雲児《ふううんじ》的な存在だったかもしれません。

アメリカで成功し、カリフォルニアで家庭を持った父はその後、二十年目にして在米生活に終止符を打ちました。アメリカにあり、アメリカ人のように行動していた父ではありましたが、心の中ではいついかなるときも、〝山野愛子の長男〟だったのでしょう。十年の約束が二十年になったとき、親との約束を守るため、長男としての責任を果たすため、父はそれまでの満ち足りた生活をなげうって、一家での帰国を決めました。

そして父は、ヤマノグループ内で教育部門を担当する『山野学苑』の中枢《ちゅうすう》である〝総括《そうかつ》〟に就任したのです。これは現在私の夫・スタンが担っている役どころです。帰国の際は、アメリカで揉《も》まれたビジネスマンらしく、身内である父親の治一と、給料をはじめとした待遇《たいぐう》条件について何度も話し合いを重ねたそうですから、祖父も、「正義はしっかり者だ」と苦笑いしたことでしょう。

一九九二（平成四）年には、初代・山野愛子を学長とする、日本初の美容を専門とする大学『山野美容芸術短期大学』を開学しました。ひとくちに大学を作るといっても、認可されるまでには、用地と教員の確保、学生数、教育内容など、ありとあらゆる面での審査を通らねばなりません。九一年に亡くなった祖父・治一の跡を継ぎ、山野学苑理事長として熟成《じゅくせい》のときを迎えていた父にとって、山野美容芸術短大の開学は、初代の理念をさらに広く深く世の中に伝えていくための、大切なできごとでした。あちらを説得し、こちらに頭を下げ、東奔西走《とうほんせいそう》の末にそびえたった学舎を前に、父の感慨《かんがい》はひとしおだったそうです。

実際、この大学ができたことによって、単なる髪結いの一少女だった山野愛子の理念は、専門学校、短大を通して、「髪を結う・切る・パーマをかける」だけでなく、メイクアップやエステ、美容福祉や柔道整復といった分野にまでも広がっていったのです。

とにかく父は、目の前の問題が困難な状況であればあるほど、燃えてしまうタイプです。父の業績や生き様は、これまでに出版された多くの書物に書かれていますが、その中にはさまざまな〝名言〟または〝迷言〟が残されています。

本のタイトルにもなった「思えば叶う」は、何事も強く願えば、おのずとそこに向かって努力をするはずであるし、結果として願いが叶うという、祖母から受け継いだ父の信念を表しています。とにかく思いついたらすぐに行動する父は、実行力という点において、ほかの誰にも負けることはないでしょう。

そしてもうひとつ。娘としては感心しながらも、くすっと笑ってしまう父らしい〝迷言〟のひとつが、「青なら歩け。黄色なら速く歩け。赤なら走れ」。父がいかにビジネスの世界において、立ち止まらずに生きてきたかが表れていると思います。

また、長男として厳しく育てられたおかげか、父はもともとリーダーシップに富んでいたようです。一度話をしたり、説得された人は、いつの間にか父についていくようになる、そんな力強さを持っています。相手を納得させるだけの話術があり、また、人の才覚や将来性を見極める観察力があります。

一方で、力があるがゆえに、山野家のビジネスの中心であった父の発言力は次第に強くなっていき、社内での立場もどんどん確固たるものになっていきました。それだけならよかったのですが、残念なことに、いつしか父と衝突《しょうとつ》する人も、意見する人も、誰もいなくなってしまったのです。いまになって父は、その状況を深く嘆《なげ》いているものの、父に反対意見を言える人は一人もおらず、私もまた例外ではありませんでした。

娘と父親という気安い関係では、多少はわがままを言えそうな私でも、ことビジネスの場面においては緊張感が走ります。たとえば父が青いものを黄色だと言ったなら、私は「そうかしら？」「でも……」と多少は戦っても、最後は必ず「そうですね、黄色ですね」と父に譲ります。よほど曲げられないものでない限りは、八割は父の言葉が正しい。これが私と父の関係でした。

ともあれ、父の類稀なる統率力と、一枚岩の父の兄弟たちのおかげで、ヤマノグループは本当に大きく発展してきたのです。

冒険心にあふれ、オートバイや、小型飛行機を操縦《そうじゅう》し、ぐいぐいと前に突き進むタイプの父は、二十年にわたるアメリカ生活で大いに開拓精神を刺激されたのだと思います。苦労して得た語学力と土地勘、地域の有力者たちとの人間関係も、その後、国際的に発展してきたヤマノグループにおいては、大きな財産となったはずです。

その父のエネルギーが注《そそ》がれてからのヤマノグループは、初代夫妻が創り上げた当初の倍、いえ、それ以上の大きさとなりました。特に、日本に山野愛子を知らしめたのが、祖父・山野治一の功績であるとすれば、アイコ・ヤマノという美容家の名前を世界に広めていったのは、父の成しえたことのひとつでしょう。

こういった父の功績は国内外で評価され、ここには書ききれないほどですが、特筆すべきは、二〇一二（平成二十四）年六月にフランス国家功労勲章《くんしょう》である『コマンドゥール』とフランスの芸術文化勲章『オフィシエ』を、さらに同年十一月には、『旭日小綬章《きょくじつしょうじゅしょう》』を受章したことでしょう。これは、優秀な技術によって国際的に高い評価を得た人物に贈られる勲章です。初代・山野愛子とともに、親子で叙勲《じょくん》となった父の喜びはひとしおで、叙勲式典での顔中に広がった笑みばかりが印象に残っています。

駆け足で、父の足跡をたどってきました。しかし、私にとって父の功績とは、単に実家の事業を引き継いで大きくし、私たち次世代に引き渡してくれた、ということばかりではありません。のちに詳しく触れますが、私は近年父のライフワークとなった「ジェロントロジー」こそが、一民間企業の枠を超え、高齢化を迎えている日本社会に一石を投じるものであり、父が社会にもたらした功績の、もっとも大きなもののひとつだと思っています。

現在は理事長職を私に譲って、激しく働き続けた日々とは一線を引きましたが、娘として私が望むのは、健康で生き生きとした今後の人生です。人前では元気にしていても、命がけの心臓バイパス手術を経験し、糖尿病を抱える父の健康は、私にとっていつも頭から離れない心配の種です。引退したとはいっても、山野家の中心人物であることに変わりはなく、教えてもらわねばならないことはまだまだたくさんあるのです。

〝経営者〟と〝親〟の狭間《はざま》で見守っていてくれた父

これまではカリスマ的指導力を持った経営者としての父を紹介しましたが、家庭内での父は少し違う一面を見せてくれます。たとえばアメリカ生活の長かった父が家族をとても大切にしていることは、内外に知れ渡っています。母が双子を二組持つ妹・ティナのためにアメリカに行っていた頃は、忙しい中早起きして、私のために朝ごはんを作ってくれました。

朝は食欲のない私。しかし父は朝からステーキを焼き、チャーハンを作り、

「朝ごはんだよ！」

と、私のベッドまで持ってきてくれるのです。食べたくない、でも、食べないわけにもいかないという父のヘビーな朝食は、これ以上ないくらいの愛でいっぱいでした。

私が専門学校で美容の勉強を始め、初代について歩いていた頃は、ふと気がつくと、誰の邪魔にもならぬよう部屋の片隅に笑みを浮かべた父が立っていて、そっと私を見守ってくれてい

ました。

「あらあら！　正義さんがまた来てる。娘がいじめられてないか心配で見に来てるのよ！」

祖母は、父を見つけるたびにそう言って、からかったそうです。日本語のわからなかった私はそのやりとりを知らずにいましたが、父の心配そうな、しかし温かなまなざしは、強く心に残っています。

ビジネスの面だけで言えば、会社のトップとして君臨《くんりん》し、多大な業績をあげ、ときにはスタッフを叱責《しっせき》して恐れられることのある父も、私にとっては少年がそのまま大きくなったような愛らしい人です。糖尿病の持病があり、家族から大好きな甘いものを制限されているため、いつもうろうろと甘味《かんみ》を探して私の家のダイニングに現れます。

「こんにちは！」

にっこり笑いながら、しかし目はきょろきょろと、いつもドーナツやお饅頭《まんじゆう》が置いてあるあたりをチェック。そして、さりげなくつまみ食いをして逃げていきます。一度は父に食べさせまいとして、甘いものをすべて隠してしまったのですが、私自身が隠したことを忘れてしまい、ずいぶん後になって、もはや食べられない状態になって発見されたこともありました。

娘二人にはめっぽう弱く、孫には甘く、最愛の妻には一番弱い父。アメリカの大型オートバ

イが大好きで、やっと手に入れたそれをビルの地下に運び込んだものの、

「危ないから乗っちゃダメです！」

と母から言われ、しょぼんとしている姿を、会社の誰が想像できるでしょうか。

もしも同じ仕事をしていなければ、私たちはただの父と娘として、もっと心穏やかに過ごせた日もたくさんあったことでしょう。ヤマノグループは、父の命のようなもの。だからこそ、長女である私に、もっともつらい決断——思い描いていた未来を捨てて山野愛子を継ぐ——を強《し》いなければならなかったとき、〝山野愛子の長男〟と〝ジェーンの父親〟の狭間で相当苦しんだだろうとも想像できるのです。

「ジェーンはなるべくしてなった」と、公には私の二代目襲名を当然のように語る父ですが、本当はいつでも心配しながら、私が迷わぬように、常に行き先を照らし続けてくれたのです。

ヤマノグループを守らなければならず、私を守らなければならない。同時に行うことが、ときにはとても難しい課題になります。長い間、仕事と家族の間で踏ん張り続けた父の重責はいかなるものだったでしょうか。その中にあって、いつも変わることなく投げかけてくれた微笑みに励まされ、私はここまでやってきたのです。

三歩下がって歩く母・ダイアン栄子

家庭的でありながら仕事人間の父と添い続ける母・ダイアン栄子は、山野学苑の学苑長を務めてはいますが、祖父の治一と同じように、あまり表舞台には出てこず、淡々と裏方に徹するタイプです。優しさと、しなやかな強さが共存している、娘から見ても素敵な女性です。

けれど、父とともに帰国した直後の母の苦労はいかばかりであったかと、いまさらのように思います。日本語がまったく話せないまま、舅・姑、義弟の家族やお弟子さんなど、大勢の人々との突然の同居です。家の広さもシステムも、何もかもが違います。クッキーを焼こうにも、当時の山野家にはオーブンすらなかったのですから。冷蔵庫もアメリカのものに比べればずっと小さく、毎日買い物に行かなければなりませんでした。

日本人にとっては、より新鮮なものをという心配りから、毎日少量ずつ食品を買い求めるのは別段変わったことではありません。けれど、アメリカ人は週に一度ほど、びっくりするくらい大量に食料品を買って、大型の冷蔵庫に保存することが多いのです。その習慣に慣れ、かつ日本語ができなかった母にとっては、毎日の買い物も、精神力を必要とする大きなチャレンジのひとつだったようです。

生活形態ばかりではなく、〝長男の嫁〟としての責務にも追われました。しかし、父の弟のお嫁さんたち、つまり私の叔母《おば》たちが、そのためのハウトゥーを教えてくれたそうで、それがどれだけありがたかったかと母はよく語っていました。

そんなふうにお互いに助け合っていた大家族の山野家でしたが、アメリカの家のように、しっかりとプライバシーが守られていたわけではありません。母は、家族だけで過ごすという時間がなかなか持てず、わけのわからない言葉のシャワーを浴び、驚くような日本のしきたりに振り回され、それでも文句ひとつ言わず舅・姑に仕《つか》え続けたのです。気苦労の結果として患《わずら》った胃潰瘍《いかいよう》に悩まされながらも、私たちには決してつらそうな顔を見せませんでした。

地理も言葉も何ひとつわからない場所にぽつんと置かれ、しかし私たち二人の娘を守り育てなければならなかった母は、いま振り返ると常に、アメリカンスクールへの登下校をともにしてくれていました。朝、通学バスではなく、母が運転する車で一緒に家を出て、私たちが授業を受けている間中、ずっと学校にいてくれるのです。

「山野さん、バスもあるんですよ」

と教えてくれた人もいたようですが、母は送り迎えを続けていました。少しでも娘たちと一緒にいて、自分も早く道を覚え、環境に慣れようという思いで、毎朝一緒に登校してくれたのだと思います。

帰国当初の父は、二十年の在米経験ですっかりアメリカ人になってしまい、日本語もややおぼつかなくなっていたそうです。ですから東京の地理はもちろん、学校の事情なんてまったくわからなかったと聞きました。そんな父のためにも、母はとにかく自分が一刻も早く日本の生活に溶け込むことが大切、と思ったようです。

アメリカンスクールにいる間の母は、学校職員の誰彼ともなく話をしては、知り合いの輪を広げていきました。このとき、

「もし、うちの子供たちがお金を忘れたら、これで食べさせてやってください」

と、校内のカフェテリアで働く方にお金を預けてくれていたことを、ずいぶん後になってから知りました。母らしいさりげない優しさだと、つくづく思います。

当時、私たちは母が一緒に学校へ来てくれることを当たり前のように思っていましたが、親になったいま振り返ってみれば、この頃の母の思いやりはありがたくも申し訳なく、「自分よ

り家族」という気持ちで動いてくれていたのだなあとしみじみ感じます。

子供たちを少しでも不安な気持ちにさせてはいけないという親心は、私も母となって初めて理解できるようになりました。子供がハッピーなら、親もハッピーになれるということでしょう。

先にも書いたように、父と母は、ロサンゼルスのヤマノ・ビューティ・カレッジで出会いました。母は、日系人のビューティコンテストでウエストロサンゼルスの代表になるような評判の美人で、同時に弁論能力もあり、父は才色兼備《さいしょくけんび》の母を見て一瞬にして恋に落ちてしまいました。しかし当時ほとんど英語が話せなかった父のアプローチに、母は何度もデートの誘いを断りました。母の両親、木村家の祖父母は、自分の娘が、英語を話せない青年とその後恋愛関係になったことが不思議で仕方がなかったそうです。やがて言葉の壁などものともせずに、二人は最強のパートナーになりました。大切なビジネスの書類や手紙で英語が必要なときは、母が一手に引き受けて、父のサポートをしてきました。それでいて決して表に出ようとしない奥ゆかしさは、アメリカ生まれでありながら、日本人女性の謙虚《けんきょ》さを強く残している母らしい姿でした。

山野家の性質が、勢いよく燃え盛る炎のようなものだとすれば、母方の木村家は熾火《おきび》のように温かな、穏やかさが身上《しんじょう》。母は人をハッピーにすることが大好きで、いつでも誰かのことをケアしています。

何かというと、すぐにメモやカードを残すのも母のスタイル。私が学校の行事で旅行に行くときには、「気をつけていい旅を。早く会いたいわ」といった母のメモ書きが必ずどこかにありました。母が書いてくれていたメモやカードを、私は一枚残らずとってあります。捨てることなど到底できない、私の大切な宝物のひとつです。

母がこうして日々の生活に、愛情たっぷりのカードを添えてくれたことで、私もいつしかそのスタイルを真似《まね》するようになり、現在に至ります。妹のティナも同様で、ちょっとしたことでも、相手を気遣ったり、愛を伝えるメモやカードを贈るのは、我が家の習慣となりました。

一方、そんなふうにたおやかで優しい母も、しつけには非常に厳しい人でした。私が子供の頃は、とにかく何に対しても〝NO〟を連発された記憶があります。子供が好奇心からやってみたいと思うようなことを見逃さず、許してはくれない母でした。人前で叱《しか》られることこそありませんでしたが、それは、子供であっても恥はかかせまいとする思いやりで、その代わり、テーブルの下からそっと伸びてくる指で、ぎゅっとつねられたものです。けじめをつけるべきはつけ、しかし決して声を荒《あら》らげることのない母。彼女でなければ、ときとして駄々《だだ》っ子のようになる父を支えることはできなかったでしょう。

この「優しくも厳しい」部分は、姑である初代・山野愛子にも向けられたそうです。同居していた頃、祖母が身体に悪いものを食べようとすると、

「イケマセン！」

と、伸ばした手をぴしゃり、などということもあったそうで、日本人の嫁にはなかなかできない行動を、祖母はむしろ面白がり、喜んでいたそうです。姑の身体を思うがゆえの、ストレートな愛情を実感していたのでしょうね。

母は自分が日本語で苦労していたので、娘たちにもわかりやすい方法で、日本語への道をつけてくれました。たとえば電話。「MOSHI MOSHI（もしもし）」と書かれているカードが、電話の近くに置いてあるのです。私とティナは、電話があったらまずカードの通り、

「モシモシ」

と言います。すると相手が名乗ってくれますから、

「SHOU SHOU OMACHI KUDASAI（少々お待ちください）」

とカードに書かれている次のセリフを言って、走って大人を呼びに行きます。

きっと母も、そうやって必死に日本語を身につけようとしたのでしょう。母のカードは、娘

たちにも大いに役立ったのです。

ですが、「モシモシ」がいったいなんなのか、動物の鳴き声かしら？　と、頭を悩ませた私たちに、母がその正体を教えてくれることはありませんでした。

きゃしゃで女性らしく、おしゃれで優しい私の自慢《じまん》の母は、実は同時にとても強い人です。異文化の中で苦労しながらも、妻として、親としての役割をこなし続けた母。その姿を見てきたおかげで、私はそう簡単に弱音を吐《は》かないようになりました。しなやかだけれど決して折れない柳のような強さを私は見習い、受け継いでいきたいと思うのです。

陰で支え続けてくれる大好きな妹・ティナ

私には三歳年下の妹、一美《かずみ》ティナがいます。

「あなたたちは、世界でたった二人の姉妹なんだから」

そう言われて育ったからというだけではなく、私たちは二人で一人と言っていいくらい、仲よしの姉妹です。私が誰かをぐいぐい引っ張るタイプだとすれば、彼女はそっと背中に手を当てて励ますタイプ。どちらかといえば父親似の私に対し、ティナは優しく柔らかく控えめで、しかし素晴らしい才能をたくさん秘めた女性です。

一家で日本にやってきた頃、人一倍恥ずかしがり屋の彼女は、学校に行くのが苦痛でたまらなかったそうです。アメリカンスクールですから、言葉は通じます。けれど、新しい環境になじむことが、なかなかできなかったのです。

毎朝、彼女の手を握りしめ、半ば引きずるようにして教室まで送り届けました。彼女を押し込むようにして教室に入れると、今度は私が遅刻しないようにと、自分の教室まで走るのです。

そんなふうに内気なティナは、自己主張が少ないあまり、我慢をし続けることがたくさんあります。彼女は妊娠中、絶対安静と診断されて、ロサンゼルスの自宅でほぼ寝たきりになったことがありました。「ティナと世界でもっとも気持ちが通い合う相手」を自負する私は妹の様子が気になって仕方ありませんでしたが、そのときも日本で仕事に追われていたのです。私の状況を理解しているティナは、自身の不安や心細さを押し殺して、逆に私を励まし、いたわり続けてくれました。「そばにいてほしいの」「ここにいてほしいの」とは、ただの一度も言いませんでした。

けれどそんなティナの気持ちが手に取るようにわかっていた私は、矢も楯《たて》もたまらなくなり、仕事をやりくりして飛行機に飛び乗りました。ティナには何も言わず渡米し、突然家の呼び鈴を鳴らしたのです。

「タコスの配達ですよ!」

ドアを開けて私の顔を見た瞬間、ティナのまんまるに見開いた目が、涙でいっぱいになりました。

ティナは高校卒業後、カリフォルニア大学ロサンゼルス校(UCLA)に入学。のちにそこで幼児教育・教育心理学者として教鞭《きょうべん》をとっていましたが、現在は帰国し、山野美容芸術短大の副学長と、日本語学校の校長を務めています。同じ学苑内で働いてはいるものの、私たちが仕事について語り合うことはほとんどありません。彼女は、私が何かを相談するというよりも、私が決定したことを、控えめに、しかし力強く後押ししてくれる存在です。そのあたりが、父に対する母の立場に似ているかもしれません。

私のバースデーパーティーがごく内輪で開かれたとき、ティナがサプライズで舞台に登場し、歌ってくれたことがありました。恥ずかしがり屋の彼女ですが、実はイタリアの声楽家に師事《しじ》しており、頭脳ばかりではなく歌も一流なのです。

私のために、きっと内緒で練習してくれていたのでしょう。その美しい歌声もさることながら、人前に出て何かをする、という目立つことを決して好まないティナが、舞台上で歌ってくれたことに、私は涙をこらえることができませんでした。

幼い頃、学校に通うときにはいつも私にすがっていた小さな手。私たちの手は、いまもこれからもずっとつながれています。

感覚を形にしてくれる最愛の夫・スタン

代々木駅そばにそびえたつ山野美容専門学校の校舎〝MY TOWER〟は、山野正義のイニシャルとともに、山野学苑のために心血を注いで生きてきた父の思いが込められたビルです。青く輝くガラスのスタイリッシュな外観は、女性が打ち掛けをかけて立っている姿をイメージしました。中にある柱の構造は、あえて見えるような建築デザインにしており、見学される方は、みなさんその造りに驚いて、触ってみたり抱き付いてみたりされています。

しかしその中身は、質実剛健《しつじつごうけん》とでも申しましょうか、災害に対するあらゆる措置《そち》が迅速《じんそく》に取れるよう、あちこちに工夫が凝《こ》らされています。特に地震に対しての備《そな》えは、世界のどんな建築物にも負けない格別のものと自負しています。大切な学生たちを災害から守る、という私たちの固い決意が込められた、山野学苑が誇《ほこ》る校舎なのです。

父の情熱が随所《ずいしょ》にちりばめられたMY TOWER。生涯をかけてヤマノグループの発展に

尽くしてきた父の、総決算ともいえる功績のひとつがこのビルです。そして、

「このビルが〝立って〟いるのは、実は、私の夫・スタンの尽力によるところが大きいのよ」

と私は冗談めかしてよく言います。なぜ〝建っている〟ではなくて〝立っている〟なのか？　それを説明するために、まず私の夫、スタンリー・巧《たくみ》・中川を紹介したいと思います。

日系三世のスタンは、カリフォルニアの南部で生まれ育ちました。山野家と中川家は家族ぐるみのおつき合いで、私たちは幼なじみとして、小さな頃から一緒に遊んでいたのです。

「よく笑って、よくしゃべる女の子だったよ」

スタンは私をそう評します。

「それは、二十年以上のちに再会しても変わっていなかった」

もともとスタンの父親である中川氏と私の父は、アメリカで違うビジネスを営みながら、日系人同士が相互に協力するシステムを作っていた仲間でした。私の両親の結婚式には中川夫妻も参列し、なんと私の祖父の治一が、幼いスタンを抱っこしている写真まで残っているのです。そんな彼と私が結婚するだなんて、天国の祖父もびっくりでしょう。

一九七六（昭和五十一）年、山野家の帰国によって、私たちの交流は途絶えました。けれど建築エンジニアとして働いていたスタンの運命は、日本に向かって動き始めていたのです。

一九九五（平成七）年の阪神・淡路大震災。日系人として生まれていても、〝メルティング・ポット（人種のるつぼ）〟と呼ばれるアメリカ・カリフォルニアに住んでいる限り、スタンが自分を日本人だと意識することは、私同様、ほとんどなかったはずです。日本語を学び、使う機会もありませんでした。それでも、あの年の一月十七日、阪神・淡路大震災によって壊滅《かいめつ》状態になった大地を目にしたスタンは、自分のルーツを思い、心が痛んだといいます。

スタンはその直後、現地調査チームの一人として来日しました。全壊したビルや家を調査し、人々の悲しみの中で、どうしたら犠牲者の出ない建物を造れるか、より安全でより丈夫《じょうぶ》な建物を提供できるかと考え続けたのです。まさかその気持ちが、やがて山野学苑のシンボルとなるMY TOWERの耐震構造《たいしんこうぞう》に大きく関わることになるとは、思ってもみなかったでしょう。

一九九九（平成十一）年、私たちは東京で偶然《ぐうぜん》再会し、瞬《また》く間に恋に落ちました。それ以降、私がアメリカ出張を心待ちにしたのは言うまでもありません。

私たちが交際していた頃、抱えていた問題はひとつ。私が日本を離れられないことでした。山野愛子の後継者である以上、私はいくらスタンのもとに行きたくても、出張という形でしか行けません。彼と二人でカリフォルニアで暮らすわけには、どうしてもいかないのです。二人が一緒に暮らすには、スタンに日本に来てもらうしかありませんでした。

悩みに悩んでいたこの問題を、彼はいともあっさりと解決してくれました。

「じゃあ、僕が日本で仕事を探そう」

プロの建築エンジニアとしてのプライドもあったことでしょう。男性が、女性の都合で動かなければいけないのか、という複雑な気持ちもあったことでしょう。けれど、ずっと私が心の中で抱いていた不安は、まったくの杞憂《きゆう》でした。スタンはそういった、彼の言葉を借りれば〝小さなこと〟は、まったく気にしない人だったのです。

そして翌二〇〇〇（平成十二）年、私たちは結婚しました。

ちょうどスタンと東京で再会した頃、山野学苑は新校舎であるMY TOWERの建築について考えを巡らせていた時期でした。そこに建築のプロである彼が現れ、学苑の一員となってくれたことに、不思議な縁を感じずにはいられません。そしてスタンは、最初の仕事として父のタワーの建築に関われたことを、「ラッキーだった」とも言ってくれました。結婚を機に住み慣れたカリフォルニアを離れ、それまで築いてきたキャリアを生かせなくなったというのに、私に恩を着せるようなこともなく、ごく自然に、さりげなく、山野学苑の中で自分の存在意義《いぎ》を作り上げていってくれたのです。

MY TOWERは、初代・山野愛子の遺志《いし》を継ぎ、美容界における山野学苑の立ち位置を固め、次世代の私にそれを橋渡ししてくれた父の半生を形にしたビルです。そこに、スタンが阪神・淡路大震災を経て学んだもの、多くの尊い犠牲への思いもプラスされた、新しい山野学苑の象徴と言えるでしょう。

お客様にこの建物の構造を説明するのはスタンの楽しみでもあります。ふだんは寡黙で、爆発的な感情を見せない〝理系の人〟ですが、そんな彼が饒舌《じょうぜつ》になる貴重な瞬間です。

さて、覚えていらっしゃいますか？　ＭＹ ＴＯＷＥＲは父・山野正義が〝建てた〟けれど、〝立って〟いるのはスタンのおかげだと、私が冗談で言うことを。

父は、「さすがは山野愛子の息子」と思えるほど、感覚の人なのです。ＭＹ ＴＯＷＥＲ建設の話が出た当初、希望する建物のイメージを伝えるときも、「こーんな感じの」「丸ーい感じの」と熱弁を振るっていたのですが、その話を聞いて私は、父が言うままの形にしたら、まあるい建物になってしまい、立たずに転がってしまうんじゃないかしらと笑ったものです。スタンがそこに、専門家としての意見を加えてくれたのは、本当にありがたいことでした。

初代・山野愛子は感覚人間で、そのアイデアを見える形にしていたのは、祖父の治一でした。祖母と同じようにアイデア満載でエネルギッシュに突っ走る父、そして、そんな父にそっくりな私、三代筋金入りの〝感覚人間〟の希望を形にするとき、スタンがいつもそばにいてくれます。そして必要ならば、ブレーキをかけたり、アクセルを踏んだりして、私を控えめに、しかし力強く支えてくれているのです。祖母には祖父・治一がいたように、正反対のキャラクターを持つ最強の伴侶を得られたことは、私の人生に与えられた素晴らしいギフトのひとつです。

スタンの冷静さ、それでいてフレキシブルな物事の考え方や裏方に徹した生き方は、〝山野正義の娘婿〟としても、彼以上の適任者はどこにもいないように思います。

たとえば、父とスタンは仕事の内容を巡ってしょっちゅう議論します。立場的にはイエスマンになってもおかしくないスタンですが、よかれと思った意見は率直に述べ、反対すべきには反対し、決して父に追従することはありません。自分に意見するものは誰もいない世界で生きてきた父からすれば、ときにスタンの行動は〝分をわきまえぬ〟と映ることもあるのでしょう。

「ここはヤマノなんだ！　きみはナカガワだろう？　だからここではヤマノのやり方に従ってもらう！」

こんなふうに激しい口調で、しかも「お前はよそから来た人間だ」と叱責されれば、誰でも気を悪くして、遺恨《いこん》が残っても仕方のないところです。けれどスタンはそれを、さほど気に留めていないのです。

「お義父《とう》さんは、僕が憎くておっしゃっているわけじゃない。根底には必ず、この状況をなんとかよくしたいという学苑に対する愛がある。すべてはそこにつながっているんだよ。だから、僕は何を言われても、個人的な感情としては受け取らないことにしているんだ」

父とスタンが険悪になれば、一番つらいのは私です。だからこそスタンは、心のうちに不満を溜《た》め込みつつ我慢しているのでしょうか？　いいえ、スタンは〝小さなこと〟にこだわらず、もっと大きく物事を見渡す人なのです。

「必要なことは言うべきだ。けれど、口論をしているという意識は持っていないよ。だから、お義父さんとの議論はケンカじゃないし、ジェーンが気に病むことはないんだ」

スタンにそう言ってもらって以来、私はどんなに二人の会話がヒートアップしても、おろおろすることはなくなりました。父は山野愛ゆえに〝瞬間爆発〟することもありますが、感情が後を引かないさっぱりした人間であることも熟知していますし、そんな激しい議論ののち、夫が家で、趣味の飛行機のプラモデル作りにご機嫌《きげん》で熱中しているのを見ると、彼に対するありがたさが、ひしひしとこみ上げてくるのです。

いま、私のかたわらにはスタンがいて、私の肩を抱き、つらいときはそっと背中を撫でてくれます。ぶつかり合い、議論を戦わせることもしばしばですが、私を守ってくれるスタンがいるということに、もしかしたら私以上に父が、感謝しているかもしれません。

三代にわたって強い絆で結ばれた山野一族

これまで私は、『山野学苑』について主に著《あらわ》してきました。けれどこの教育部門は、ヤマノグループのほんの一部です。山野家を語るには、父を長男として尊重し、父のもとでまとまりながら、美容のさまざまな分野に初代・山野愛子の教えを広めていった叔父たちの存在が欠かせないのです。

父は男六人兄弟で、そのすべてが初代夫妻の跡を継ぎ、美容業に関わっています。現在、山野の血族で成り立っている会社をビジネスカテゴリー別に分けると、父が総長、私が理事長を務める美容学校・着装教室などの教育関連が『学校法人山野学苑』と『一般財団法人国際美容協会』。美容界のサロン商品を一手に担う『株式会社ヤマノ』、着物・宝飾をはじめ幅広い経営脈を持つ『株式会社ヤマノホールディングス』、化粧品やエステ関連を扱っている『株式会社ヤマノビューティメイトグループ』と、美容室経営の『山野美容商事株式会社』、さらにビューティサロンやホテルブライダルで知られる『ビューティトップヤマノ』があります。

これらグループ企業には、それぞれの関連企業があり、正社員以外にも、関わるすべての方々をカウントしたならば、膨大《ぼうだい》な数になることでしょう。

また、父の兄弟をざっくりと専門別に分けるならば、長男の正義・三男の彰英《あきひで》・五男の景章《かげあき》が美容ビジネスを、次男の凱章《よしあき》（故人）・四男の堯章《たかあき》（故人）・六男の博敏《ひろとし》が、技術者としての道を歩みました。

これだけ大きなグループになると、どうしても経営理念などで食い違いが出てしまいがちですが、長男の父を中心とする山野六兄弟の結束は、どの家庭よりも固いのが自慢です。六人が、初代・山野愛子の唱えた『美道』の精神を根幹として活動しているだけに、ブレがないのです。ちなみに『美道』とは祖母の造語です。「髪・顔・装い・精神美・健康美」こそが、美容のもっとも大切なことである、という理念です。

また、「何があっても長男を尊重し、従うこと。その代わり、長男は何があっても兄弟たちを守ること」と、幼い頃から教え込まれてきた叔父たちは、常に百パーセント長男が正しい、と父を尊重してきてくれたのだと思います。祖父母の遺《のこ》したものが、これだけ大きな組織になったにもかかわらず、世間によくある悲しいお家騒動などに巻き込まれずに済んだのは、父の長男としての責任感、統率力と、弟たち、つまりは私の叔父たちの、初代に対するリスペクトと人間性のおかげにほかなりません。

現在は、私が父から理事長職を引き継いだように、それぞれの分野での世代交代が進んでいます。つまりは、父たち兄弟から受け継いだものを、いとこ同士で励まし合い、意見を交換しながら発展させていこうとしているのです。

十九人いるいとこのうち、グループ経営を継ぐ者は九名。私たちはその九名で『君水会《くんすいかい》』という集まりを年に三回持ち、お互いの仕事の報告や、新製品の情報交換などを行っています。技術面から製品までさまざまなジャンルを網羅《もうら》していますし、学生の就職・採用でもお互いに協力し合いますから、ちょっとしたコンベンションのようなものです。それを気心知れた身内相手に行えるのですから、初代が残してくれたファミリー力に改めて感謝します。ちなみに『君水会』の〝君水〟とは、琵琶のお師匠さんだった祖父・治一の雅号《がごう》から取りました。

いとこの中には、企業家として注目されている山野幹夫《みきお》さんや、ビューティシャンのJUNJIさん、メイクアップアーティストのAKIRAさん、また『君水会』のメンバーではありませんがタレントの品川祐《ひろし》さんなど、メディアによく登場する人々もいます。

父親の兄弟が六人もいるので、私たちいとこ同士には、一風変わった呼称《こしょう》があります。たとえば私は「一年一組」。さて、どうしてでしょう?

父たち男六人兄弟の名前は、「まさよし」から始まり、「よしあき」「あきひで」と、三番目までは〝しりとり〟でした。その後はそれぞれに独立した名前となり、だんだんと母親である祖母自身が混乱し、忙しいときは呼び間違えることが多くなったそうです。祖母はそのうち、団体行動をするときや、全員が揃っているか確認するときには、長男を「一番」、次男を「二番」と呼び始めました。飛行機に乗るときも、

「ハイ、一、三、五番まず乗る! 二、四、六はその次ね!」

と号令をかければ、おのずと本人たちもまわりも理解するようになったそうです。

私たち次世代は、洒落《しやれ》っ気を込めて、この便利な呼び方をアレンジしました。長男の一番最初の子供である私が「一年一組」、だから私の妹のティナは、「一年二組」です。三男・彰英叔父の長男である山野幹夫さんは、「三年一組」というわけです。

まるで小学校の組分けのようだと笑い合いながらも、こうして信頼の絆でつながったいとこに恵まれるのは、本当にありがたいことです。さまざまな分野で活躍するいとこたちは、私にとっては、いつも刺激を与えてくれるよき相談相手であり、敬愛した祖父母の思い出の下で、ヤマノグループを大きくしようと切磋《せつさ》琢磨《たくま》する経営者としては、ライバルでもあるのです。

第3章
二代目の試練

明日のことは考えない

私は立場上、ヤマノグループ経営者の一人ではありますが、頼れる父とスタッフがいてくれることで、これまで多くの時間を〝教育者〟という立場で過ごしてきました。

専門学校も短大も、たった二年という短い修学期間です。その中で、学生たちに何を学ばせられるのか、どんなふうに送り出せるのか――。卒業生たちには「山野を選んでよかった」と、ずっと後になっても誇ってもらいたいのです。ですから、教育の質は絶対に落とすことができません。

スポーツの世界では、「名選手は名監督になれない」と、よく言われます。多くの才能に恵まれたスーパースターは、なんでも飛びぬけてできてしまうため、努力してもできない選手や、控え選手の気持ちがわからない。したがって、きめ細かな心遣いができず、監督としては選手の心をつかめないのだと。だからこそ、指導者には、物事が思うようにならず苦労した人のほうが向いている、ということなのでしょう。

その意味で言えば、スーパースターどころか、日本語での授業についていくのがやっとだった私は、四苦八苦する側の気持ちが理解できると言えるでしょう。私は本学の卒業生でもあるので、指導者となったいま、自分自身の経験から得た「どんな授業をしてほしくて、どんな先生が必要か」というその頃の切実な思いを、常に忘れぬよう心掛けています。

そんな、学生時代の話です。

昼間は上智大学に通い、キャンパスライフを謳歌《おうか》する友人たちを尻目に、夕方からは急いで専門学校へ。二代目となるために学ぶべきことはあまりにも多くありました。専門学校の授業で心身ともに疲れ果て、大学の成績はどんどん下がっていきます。土日は祖母のお供で修業生活ですから、頭も身体も、休憩する時間がまったくありませんでした。

――明日もまた、こんな思いをするのかしら。

――明日は、どれだけつらいのかしら。

――いつになったら、これが終わるのかしら。

学校には、卒業という終わりがあります。けれど、美容家としての道のりは長く、先が見えません。さりとて、カレンダーにバツをつけて、「今日も一日が終わった」と数えたところで、何の意味があるでしょう。ゴールまでの道のりも、日数もわからないのですから。

ならば、今日を生きよう。今日のことだけを考えて、全力でぶつかろう。そしていつか、ここまで学苑を作ってきてくださったまわりのみなさんが、私を本当の意味で〝後継者〟だと認めてくれるその日まで、明日のことを考えるのはよそう――。

ただふさぎ込んでしまうだけならば、ゴールについては考えないのが一番の解決策だと、私は腹をくくって日々を過ごすことにしました。

それでも、当時の私は自分がやらなければならないこと、できなければならないことに、気持ちと実力がついていかず、いらだちや焦《あせ》りを消すことが、どうしてもできませんでした。

言葉の壁に立ち向かう日々

学生時代、私の前に立ちはだかった最大の壁は〝日本語〟でした。

多くの方々から、「お父さんは日本語を話せるのになぜ?」と問われますが、自身が英語で苦労した父は、アメリカでの生活中、私たち姉妹に常に英語で接し、日本語を一切使いませんでした。日系三世だけれど、日本語はほとんど話せない母と、あえて日本語を使わない日本人の父。だから私たちが日本語に触れる機会はほぼゼロで、ひな祭りやお正月など日本の行事は行っても、日本語を話す、学ぶ、という機会には恵まれませんでした。

アメリカ在住時に日本語に触れたのは、土曜日に通っていた日本語学校のときくらいです。そこでも「イヌ」「ネコ」といった動物の名前、色や食べ物の名前など、物心がついた子供が覚える名詞程度しか学んでいませんでした。

その後、十二歳で日本に来たとはいえ、ずっとアメリカンスクールで英語のみの生活です。

ですから、十八歳の私が日本語で話せた言葉は「コンニチハ」「アリガトゴザイマス」というレベルでした。

専門学校に来るのは、必死に美容師を目指す学生さんたちばかりです。そんな中に、日本語もおぼつかない私が入学してきたのですから、クラスメイトからしたら、「あなた、なんでここにいるの?」と思われても仕方がない、ちょっと変わった学生でした。しかも、言葉が通じないことで誰とも会話せず、山野愛子の孫であることを隠すため、できるだけ静かに、身体を小さくして、無言でただにこにこしていることしかできなかったので、私の存在はますます怪しさを増していたと思います。

「ワタシ、ニホンゴワカラナイデス。ヤマノ? カンケイナイデスヨ」という雰囲気を醸《かも》し出していたつもりだったのですが、名前から、とっくに素性が知れ渡っていたことをかなり後で知りました。

同じクラスの方たちは、そんな私に過度のプレッシャーがかからぬよう気遣ってくれたうえ、なかなか環境になじめない私に、いろいろなことを一から教え、助けてくれました。何しろ、教室で何が起こっているのか、なぜみんなが突然爆笑するのか、教科書の何ページを開けばいいのかさえわからなかったのです。いいえ、それ以前に、何曜日にどの教科書を持っていけばいいのかもわかっていませんでした。授業についていける、いけない以前の問題で、学校に行き、席に座り、まわりと同じように正しく教科書を机に広げることが、当時の私の精一杯だったのです。

毎日、たくさんの教科書を抱えて教室に入ってくる私を見るに見かねた四人のクラスメイトがある日、「月曜日、赤。火曜日、黄色」というように、教科書の色で持ち物を判断する時間割を作ってくれました。彼女たちはそれ以後も何くれとなく、私のことを手助けしてくれるようになったのです。このときの四人の旧友たちの存在なしに、いまの私はありません。

もともと細かい作業は好きで、苦手ではなかっただけに、たとえ言葉がわからなくても、見て真似をすればいい実習はなんとかなるのです。実技は毎日楽しく、どんなに練習を繰り返して時間がかかろうとも、美容の道に入ってよかったと思えるほどでした。けれど、教科書を読んで内容を理解するのは、実に難しいことでした。

ですから、いまでも国家試験を受けた当時のことを思い出すと、「ああ、大変だった」と苦笑いが浮かぶのです。試験の問題文は日本語ですから、筆記試験に関しては、練習問題、過去問題を参考に、図形や記号を覚えるようにして漢字を丸暗記しました。理科系の問題なら、数字を丸暗記です。丸暗記とはいえ、内容をきちんと把握《はあく》しておくのは当然ですから、学術的な理論は理解していました。ただし頭の中では英語で理解しているので、自分が知っている理論が、どの日本語の文章にあてはまるのかが照合できないのです。問題を目にするたびに、頭が爆発しそうでした。

技術に関しては、私が受験した頃は、髪の毛をくるりと巻いてピンでとめるピンカールを、巻き寿司のようにいくつも作っていくといった課題がありました。テレビアニメの『サザエさん』の頭を思い浮かべていただければ、想像がつくかしら？　髪の束《たば》にジェルをつけて巻くのですが、私はこれが大の苦手でした。小さく巻いたはずのカールが、いつの間にかたら〜んと伸びて、大きな輪になってしまうのです。要するに、ちゃんとピンでとめられていないということですね。日々の練習中、先生によく、

「ジェーンさん、心は大きくてもいいけど、ピンカールは小さくね！」

と言われたものです。

こういった美容師の国家資格も、試験の内容の考案も、実のところは祖母が思い立ち、始めたものなのです。アメリカの国家試験の基礎を築いたドーラン先生と一緒に作り上げたシステムは、その後、日本の美容界において長い間変わることがありませんでした。

実の祖母が作った課題が、後年孫娘の私を大いに苦しめた、というわけです。

つらい日々を支えてくれた友人たち

おしゃべりが大好きな私にとって、マザータン（母語）である英語をまったく話せないまま何時間も過ごすというのは、拷問《ごうもん》にも似た思いがしました。そこに、まわりから何を言われても理解できない、というフラストレーションが加わります。さらにはこちらが思っていることを百パーセント伝えられない、という不安と不満がありました。どれだけ必死に考えていても、どんな意見があろうとも、それを相手に伝える術《すべ》＝言葉を持たないのはいらだつことですし、つらいものです。誤解を招いたらどうしよう、違う意味で伝わったらどうしよう、変なことを言って笑われたらどうしよう、という気持ちが先だって、口を開くのが怖くもなります。

簡単なあいさつ程度は交わせても、少しでも話が複雑になったら黙り込んでしまう……そんなことが繰り返されると、もどかしさで泣けてきます。言いたいことは山ほどあるのに、それが的確な言葉にならないつらさは、異文化と触れ合った誰もが経験している壁かもしれません。

美容学校の授業はすべて日本語です。当然ながら私のペースに合わせてくれるわけもなく、わからないままに次から次へと教科書がめくられます。知らない言葉を調べる間もなく、授業はどんどん進んでいくのです。ぼわーん、と異次元の音が自分を取り囲んで、まるで、宇宙空間に一人取り残されたような気分でした。

当時、同じクラスに「英語を話せるようになりたい」という子がいました。私たちは休み時間のたびに一緒のテーブルに座り、それこそ子供が言葉を覚えるように、ひとつひとつの単語を口にして、彼女が日本語で言ったものを私が英語にして、私が英語で言ったものを彼女が日本語で言う、というレッスンを繰り返しました。専門学校の校舎の中で、私が英語を口にできる、ほんのわずかなチャンス。けれど、たったそれだけのやりとりですら、私の気持ちを和ませてくれる心の休憩時間となりました。

専門学校の授業が終わるともう夜。当時新宿区大久保にあった山野の家に帰ると、十時を過ぎます。ところが、山野家の門扉《もんぴ》は、何があろうと夜の十時には閉まるという決まりがありました。仕事で帰宅が遅くなった叔父さんたちも閉め出され、「あけてくれー!」と懇願する声が聞こえていたものです。私もまた、命じられて二代目になる勉強のために夜間の学校に通って遅くなったというのに、自宅から閉め出されていたのです。そんなのありでしょうか。

じゃあいいわ！　Let's go!

私は門扉が閉まっているのを逆手にとって、専門学校が終わるとしょっちゅう六本木に向かいました。大学の友人たちが集まり、待っていてくれたのです。お酒はめったに飲まない私ですが、にぎやかな席は大好き。ジュースを飲みながら、そこで思い切り、言いたいことを、言いたいだけ英語で話す。この〝夜遊び〟がどれだけいい気分転換になったかわかりません。自分の言いたいことを言いたいように、たくさんの単語の中からチョイスして話せるのがどんなにありがたいことかと、この頃はつくづく思いましたし、だからこそ現在我が校に留学している韓国や中国、台湾の学生たちのもどかしさも、自分のことのように理解できるのです。

宴《うたげ》の後、門扉が固く閉ざされた真夜中の山野家に帰ると、スカートにパンプス、といういでたちのまま、石柱によじ登ったりもしました。そこに仁王立《におうだ》ちになったところで、「何してるんだっ!?」と巡回中のおまわりさんに怒鳴《どな》られたのも、たぶん、いい思い出です。

ちなみに私たちが暮らし、お正月やイベントのたびに人々が集ったこの新宿の山野家は、現在大手飲食チェーン『がんこフードサービス』に貸し出され、「新宿山野愛子邸」店として営業しています。内装の一部は営業のために多少変わったものの、たたずまいをはじめ、家の中の雰囲気はそのままです。もちろん、私があの夜によじ登った石柱も当時のまま残っています。

怒鳴るのではなく、話し合うことで人は成長する

大学生と専門学校生という二足のわらじを履いていた一九八四（昭和五十九）年、十九歳の私は、アメリカ・ニューヨークのカーネギーホールに立っていました。まだまだ修業中の身ではありましたが、二代目・山野愛子としてのお披露目《ひろめ》をしていただいたのです。

マンハッタンの象徴とも言えるこの歴史的なコンサートホールの舞台に上がるのは、そう簡単なことではありません。ましてそのときは、偶然、ホールで働く人々の労働組合がストライキを起こしており、ショーができるかできないかの狭間で、父・正義が一睡もせずにニューヨーク中を駆け回った末での開催でした。

祖母にくっついているだけだったそれまでの私が、正式に〝跡継ぎ〟として任命・紹介された、光栄な一日です。けれど、それほどまでに周囲が力を入れてくれた世界へのデビューだったというのに、実のところ私は、そのお披露目が「誰のための何だったのか」ということを、

まるでわかっていなかったのです。

いつものように祖母のスケジュールをともにこなし、ニューヨークで行われるショーについていく、という感覚で飛行機に乗り、舞台に立ちなさいと言われたから、立っていただけの私。華やかな舞台に上がり、美しい振《ふ》り袖《そで》姿で笑顔を作っていても、「私が二代目の山野愛子でございます」という自覚はありませんでした。

舞台に立つ理由を詳しく説明されたわけでもなく、あれよあれよという間にショーは終了。私はとにかく笑顔を絶やさないようにしているだけで精一杯でした。祖母と私が並んで微笑むこの〝歴史的瞬間〟の写真は、カーネギーホールの名とともに、いくつものメディアで取り上げられ、たくさんの書籍に掲載されているだけに、天国の祖母はこれを読んだら、「あらいやだ、ジェーンちゃん！」と、ずっこけてしまうかもしれません。

私にとって祖母の存在は大きく強く絶対で、それゆえに当時の私は「おかあちゃまの背中は永遠にそこにあって、私は黙って後をついていけばいい」と思っていたのです。そんな受け身の姿勢はおのずと伝わってしまうものです。

もともと祖父母は、お弟子さんを叱責することにかけては天下一品でした。とにかく大きな声で、どこであろうとも、どんな小さな失敗でも、相手を頭からぴしりと叱り飛ばすのです。

仕事の相手には常に笑顔でしたが、身内にはとても厳しく接していました。父母にさえ怒鳴られたことのない私からすれば、そんな祖父母の姿には驚くばかりでしたし、些細《ささい》なミスをそこまで言いつのることを、むしろ不条理《ふじょうり》に感じてもいました。ですから、先生方やお弟子さんたちが、常に初代のまわりでピリピリしていることが切なく、もっと平和にみんなで仲よくできたらいいのに、もっと違う形の徒弟制度があったらいいのに、と思い続けていたのです。

誤解を恐れずに言えば、怒鳴って叱って、と感情をストレートに表に出すやり方は、人々の心に火をつけて、成長につながることもあるかもしれません。しかし、激しい言い合いがあちこちで起こり、叱責する側は顔を真っ赤にして怒り、叱られる側は逃げ場も立場もない状態になる——それが厳しさであり仕事なのだ、いままでこうやってきたのだ、と言われてしまえばそれまでですが、私はそのやり方に、決してなじむことはできませんでした。

だから私は逆にスマイルを提唱し、常に微笑みを浮かべて人と接しようと心に決めたのです。人は、怒鳴られるのではなく、話し合うことで理解し、成長すると信じていたかったのです。

けれど、怒鳴られることが日常になっていた会社の中で、私のスマイルは、最初の頃、むしろ浮いていたようです。「ジェーン先生はいつも微笑んでいるけれど、いつか豹変《ひょうへん》するのではないか」と、ごく近い職員が怯《おび》えていたことを知り、大笑いしたのはつい最近のことです。

努力にはゴールなんてない

私はお弟子さんたちのように激しく怒鳴られこそしなかったものの、祖母を怒らせてしまったことももちろんあります。その中でも、ふたつのできごとは、私に仕事について深く考えるチャンスを与えてくれました。失敗を〝ちょっとくらいのこと〟と思ってしまう意識の甘さと、〝ちょっとの失敗〟を最小限に食い止めるために、ふだんからどれだけ備えておくか、という心構えの大切さを学ぶことになったのです。

ひとつは、とあるショーの舞台上で起きました。

その日祖母は、たくさんのお客様の前でモデルの頭に、日本髪を作っていました。私の役割は、祖母にピンを渡すこと。手術で言えば、執刀医《しっとうい》にメスを渡すナースの役割です。

いまでこそ、「ジェーン先生は速い！」と驚かれるほど、手先を素早く動かせるようになった私ですが、当時は、ピンを渡すということも大変なお役目でした。舞台上の祖母の目は日本髪にしっかりと向けられて、私には手を差し出すだけで、こちらを見ることはありません。にもかかわらず、恐ろしいほどの速さでピンを要求されるのです。

「ピン！」

私は緊張感でいっぱいになりながら、必要な形のピンを差し出された手にのせます。すると私が次のピンを用意する間もなく、祖母の手がすっと出てきます。

「ピン！」

私がもたもたしていると、祖母の声が荒くなります。そして、何度目かの〝もたもた〟ののち、リズムに乗り切れていないピン渡しに焦《じ》れた祖母が、私の手をぴしゃり！ と叩《たた》きました。私の手の中にあったすべてのピンが、ばらばらと舞台上にこぼれ落ちます。それでも作業を続ける祖母が、催促する声はやみません。

「ピンっ！」

私は腰をかがめ、床の上のピンを拾いながら祖母に手渡していきますが、余計な作業が加わった分、スピードはますます落ちてしまいました。

「ピン！」

祖母はこちらを振り向きません。当然、私の状況も察していたと思いますが、ショーの途中で中断するわけにもいきません。

舞台の袖では、大勢の先生方がその様子を見守っていました。祖母の迫力に押され息を呑《の》み、どうしたらいいんだろうと思いまどう気持ちが伝わってきます。

「ピン！」

私が何度か腰をかがめたのち、ようやく意を決して、数人の先生方が舞台上に走り出て、一緒にピンを拾ってくださいました。おそらくお客様からすれば、「ああ、ジェーンの手の中のピンがこぼれちゃって、それを拾いに出てきたのね」というだけのできごとだったかもしれません。けれど、私にとっては、ぴしゃりと叩かれた手の甲以上に、心がひりひりと痛む失敗となってしまいました。

今日のお仕事は、おかあちゃまにピンを渡す、それだけのこと。私の心に、そんなゆるみはなかったでしょうか。舞台上で行われるプロの仕事に「たかがピンを渡すだけ」などという簡単な動きは存在しないのです。

相手の呼吸に合わせながら、どうやったらスムーズに受け取ってもらえるのか、どの角度で、どの向きで渡せば素早く次の動きにつなげられるのか、私は少しでもそんなことを考えていたでしょうか。ただピンを渡すことだけに精一杯で、相手のリズムや効率を考えて、研究してから舞台に立っていたでしょうか――。

全国に大勢のお弟子さんがいらっしゃる中で、私は山野愛子の孫というだけで、たくさんの方々を飛び越えて、その日の舞台に立っていました。中にはこういったショーや実技で、何年も祖母にピンを渡し続けてこられた、ベテランの方だってたくさんいらしたはずです。その方々にとっては、ピンを渡すという作業も日々の修業のうちであり、決しておろそかにできない技術のひとつなのだと思います。

公の場で舞台に立つには、まだまだ技術が伴っていなかった私です。だからこそ、人が一時間の訓練で済ませることも、何十時間もかけて、寝る時間も削って、できうる限り精一杯の努力をしてきたつもりでいました。けれど、努力にゴールはなく、自分では気づかないところで、次から次へと学ぶべきものが現れます。

見た目には華やかなショーの世界でも、お客様からは見えない場所で、多くの人が裏方として縁の下の力持ちを演じています。確実で地道な作業ほど大きな成果を支えているのだということを、初代・山野愛子は言葉ではなく、ぴしりとひと叩きで私に教えてくれたのかもしれません。

備えがあるからこそ、プロの仕事は成り立つ

もうひとつの失敗の舞台は、上野でした。ある日、上野にある西郷さんの像——著名な彫刻家、高村光雲《たかむらこううん》の作であるあの有名な銅像に特製の着物を着せようという催《もよお》しがあったのです。その日、私はいつものように、〝おかあちゃまのお仕事〟に同行して家を出ました。その上野に向かう車の中で、祖母が珍しく私に聞いたのです。

「西郷さんって、どんな人だか知ってる？」

「……NO」

私はそのとき、西郷さんが誰であるか、まったく知らずにいたのです。私の答えを聞いた途端、祖母は明らかにがっかりした顔をして、そのまま黙り込んでしまいました。けれど、私はなぜ祖母が怒ったのかがわからなかったのです。

日本で生まれ育った方なら誰でも、日本の近代化に命がけで貢献したこの鹿児島出身の偉人

をご存知でしょう。しかし、私には、「ウエノというところにある誰か有名な人の銅像に着物を着せる」という意識しかなく、西郷さんがどんな人で、何をした、という知識はまったくありませんでした。この〝まったくなかった〟という私の心構えこそが問題だったのです。

たとえばインタビュアーが誰かに取材をするとき、相手のことを何も調べずに質問ができるでしょうか。私たち美容業界に生きる者も、十人十色《じゆうにんといろ》の相手に合わせた技術が求められます。心の通った着付けをするためには、相手の背景を知ってその人らしさを表現しなければなりません。つまりその仕事は、西郷さんの人となりを知らずにやれることではなかったのです。

上野に行くのも、西郷さんに着物を着せるのも、事前にわかっていたことでした。いくら忙しく過ごしていても、ほんの少しだけでも、西郷さんについて調べる時間は作れたはずなのです。仕事の対象に愛情を注ぐということは、相手に興味を持つということ。私はそこをおろそかにして、「おかあちゃまのお仕事にただくっついていく」という軽い気持ちのまま車に乗ったのでした。祖母は、心構えの足りない孫娘のお気楽な心のうちを見抜いていたのです。このとき以降、私は〝プロである〟ということを深く考えるようになりました。

後年、家族ぐるみで親交の深い、元メジャーリーガーの田口壮《そう》さんの言葉が、あの日私が反省した思いに偶然重なりました。

「ジェーン、野球選手はね、ボールがどこかに飛ぶたびに、それを捕《と》りに行った選手の後ろに回り込むんや。バックアップに行くの。万が一その人がボールをトンネルしたり、後ろに逸《そ》らしたときに、ちゃんとそこにいて、フォローしてあげられるようにね。でも、プロだからエラーなんてめったにない。カバーするために走るのは、本当に疲れる。そのうち、たぶん、エラーせんやろ、バックアップに走らんでも、まあ、いいかあーって思い始めることがある」

私は野球をあまり知りません。壮さんの試合を見に、セントルイスや遠征先にお邪魔したことはあっても、スポーツが大好きな夫のスタンほどプレーにのめり込んでいるわけではないのです。けれどそのお話を聞いて、心構えという点では、野球と美容というまったく違う世界でも、プロとしての共通点があるのだと知りました。

「たぶん大丈夫だから、行かんでもいいか、とサボり心が出始めたときが一番怖い。野球を始めてから、何千回と繰り返してきたこの動きを、たった一回だけサボったとするでしょう？　すると野球の神様はそれを見逃さない。そんなときに限って、誰かがエラーをするんや」

そうして実際、エラーをカバーできなかったがために、負け試合につながってしまったことがあったのだと言います。

備えには忍耐《にんたい》がつきまといます。地道な努力の繰り返しです。しかし、この備えがあるからこそ、プロの仕事は成り立っているのです。一見無駄《むだ》に思えることでも、日の目を見ない作業でも、備えていることが、私たちの仕事をより確実で厚みのあるものにしてくれるのでしょう。

祖母は、ひとつひとつの失敗に対して、細かく私を叱り、説明することはついにありませんでした。しかし、言葉はなくとも、「ジェーンちゃん、よく考えてみなさいね」というサインを必ず送ってくれていたのです。

日本とアメリカに離れ、言葉も通じぬ祖母と孫だった私たちは、初代と後継者としてのつながりの中で、言葉では語りつくせぬ思いを共有してきました。私が後ろをくっついて歩き始めた日から、祖母は私が理解していようがいまいが、日本語で、ずっと私に話しかけ続けてくれたのです。残念ながら当時の私には、ひとつひとつの単語がまったくわかりませんでしたし、「あの日々のおかあちゃまの言葉を録音できていたならば」と、何回思ったかわかりません。けれど、それが〝血〟なのでしょうか。言葉がきちんと理解できずとも、祖母が私に言いたいことの芯《しん》だけは、ぴりりと伝わってくるのです。私に自分自身のすべてをつないでゆくのだ、という〝山野愛子〟の思いは、年齢や言葉を超えて、私の中にしみ込んでいきました。

祖母から教えられたことは限りなく、あの日の不機嫌も、私にとっては大切な贈り物だったのです。

〝おかあちゃま〟との別れ

どんなときでもスマイル、が私のポリシーです。とはいえ、人間ですから喜怒哀楽《きどあいらく》はあり、悲しいときは、笑顔を作るのもつらいものです。特に祖母とのお別れのときは、仕事中は何が何でも笑顔でいなくてはと、最大限の努力をしました。何しろ祖母が突然倒れた日から、手術し、亡くなり、お通夜、葬儀というスケジュールの合間に、終業式や晴れやかなお席など、大切なスピーチを必要とする式典が隙間《すきま》なくはさまれていたのです。学業の節目で、次のステージを目指す学生さんたちに対する励ましやお祝いの言葉には、最高の笑顔を添えたいもの。けれど、ときがときだけに、笑顔がひきつっていたのは間違いなく、タイミングとしては申し訳なくもありました。

たとえば祖母が亡くなった翌日の終業式は、それまでのハードワークを終えたことに対する祝辞、のち黙禱《もくとう》、という悲喜《ひき》こもごもの式典となり、学生さんたちも複雑な思いだったかもしれません。けれど、そこに集まったのは、山野愛子という美容家の遺志を次代へつないでいく人々です。笑顔あふれる楽しい式典とはならずとも、美容師として生きていくために決意を新たにしてくだされば、祖母も本望だったことでしょう。

美容家・山野愛子の終焉《しゅうえん》。その激動の数日間は、突然始まりました。

いつも元気で、相当体調が悪くても、休むということを知らないのが山野愛子です。普通の人ならひっくり返ってしまうような病気や怪我でも、江戸っ子らしく啖呵《たんか》を切って、

「これっくらいで休んじゃいられないよ」

と、平気な顔をして仕事に向かう祖母です。

その精神を知らず知らずのうちに叩き込まれた私は、動けないほどに体調が悪くても、車いすに乗ってニューヨークのショーに向かいましたし、ひどい腰痛でまったく動けなくなったときに、夫のスタンが、

「ジェーン、今日のショーは中止だ」

と言ったときにも、

「えっ？　中止なんていうチョイスはないのよ」

と、当然のごとく言い放ちました。スタンは絶句していましたが、「Show must go on（必ず

幕は開く)」です。その日のショーをキャンセルするという選択肢は、"山野愛子"は持っていないのです。

それが珍しく、「お腹が痛い」と、当の山野愛子が言い出したのです。我慢強さにかけては右に出るものがないほどの人が痛いと口に出すのですから、単なる腹痛ではありません。子供を六人産み、流産の処理が悪く苦しみ、その後子宮がんにも罹患《りかん》。しかし晩年は表向き、これといった疾病《しっぺい》もなしにあちこち走り回っていた祖母でしたから、まわりは慌てます。大急ぎでかかりつけの病院に担《かつ》ぎ込んだものの、運悪く病室がいっぱいで、きちんとした病室に入ることができませんでした。廊下の隅《すみ》に置かれた移動式ベッドの上で苦しむ祖母を前に、私たちは、

「なんとかできないでしょうか？」

「どうにかなりませんか？」

と、お医者様や看護師さんに向かって繰り返すのが関《せき》の山。ついには緊急手術となり、祖母はストレッチャーに乗せられて、エレベーターで手術室に運ばれていきました。

そのときの私は、祖母の苦しそうな様子を見ても、無事に手術を終えて、また元通りの生活に戻るという想像しかしていませんでした。ですから「いまできるのは、おかあちゃまを励まし、元気づけ、できうる限りの笑顔で話しかけることだけ」と思っていたのです。

ところが、エレベーターの扉が開き、手術室に運ばれていく祖母の表情はいつになく弱々しく、心細げでした。そして、扉が閉まる直前「……さようなら」と口を動かして、ゆっくりと手を振ったのです。私はそんな重い雰囲気を吹き飛ばしたくて、満面の笑みで大きく手を振り返しました。

「また後でお会いしましょうね！」

まだ手を振っている最中だというのに、エレベーターの扉がすーっと閉まり、祖母の姿が見えなくなっていきます。このときの、祖母が振った手の柔らかな動きだけが、スローモーションのように瞼《まぶた》の裏に焼き付いて、いまもなお、消えることはありません。

手術後、祖母の意識は二度と戻りませんでした。腹腔《ふくくう》内が膿《う》んでおり、相当にひどい腸閉塞《ちょうへいそく》だったそうです。突然そんな状態に悪化するはずもなく、おそらくはずいぶん長い間、誰にも心配も迷惑もかけまいとして、笑顔でそっと痛みに耐えていたのでしょう。手術前にお互いに手を振り合ったのが、祖母との最後のコミュニケーションになりました。

手術から二日後、空に駆け上がって行ってしまったおかあちゃま。なんでも手早く、もたもたするのが大嫌いだった江戸っ子のおかあちゃまらしい、あまりにも潔《いさぎよ》くあっけない最期でした。私は心の準備も何もないままひとりぼっちになってしまった気がして、突然自分の肩にのしかかってきた〝山野愛子〟という肩書に、押しつぶされそうになっていました。
あのときの祖母の声にならなかった「……さようなら」が、いまでも私の心に残っています。いつでも、いつまでもおかあちゃまの背中が目の前にあると思っていたのに、突然その背中は消えてしまったのです。快復して、また私にたくさんのことを教えてほしかった。

さようなら、おかあちゃま――。

第二次世界大戦をはさみ、日本の西洋化が進む中、夫の治一とともに、女性を美しくするための研究を怠《おこた》らず、日本の美容業界を開拓していった祖母・山野愛子。勢いゆえに叩かれ、妬《ねた》みや妨害《ぼうがい》に苦しみつつも、持ち前の負けん気と、前向きな気持ちで逆境を撥ねのけながら、教育部門をはじめとする、現在のヤマノグループの基盤《きばん》を作り上げました。

一、本日誕生
一、腹八分目
一、腹を立てず
一、心配せず
一、スマイルを忘れず
一、すべてに感謝

一、一日の反省

一、教わり上手に教え上手

これは、初代・山野愛子が立てた〝山野流の誓《ちか》い〟です。祖母は、これからも決して超えることのできない、私にとっての富士山の頂であり、初代が実践していたこの誓いはいま、私の人生の指針にもなっています。言うのは簡単でも、すべてを守ろうとするのは本当に大変な八つの誓い。しかし、私に流れる「ちゃきちゃきの江戸っ子愛ちゃん」の血は、笑顔とともに私を前に進ませてくれるでしょう。

私のポリシーであるスマイルは、まわりを幸せにするためだけでなく、自分自身を鼓舞《こぶ》するための、山野愛子の孫であるという矜持《きょうじ》でもあるのです。

〝象徴〟として生きてきた三十年

初代亡き後、実質的に山野学苑を率いてきた父・山野正義が引退を宣言して総長となり、私が理事長として事実上のトップに立ったのは二〇一三（平成二十五）年のことでした。もちろん、企業家として経営のカリスマである父がいる限り、学苑におけるすべての権限が私に移ったわけではありません。父が山野学苑のトップであるのは当然のことで、私はそのことに不満や野心などを抱いたこともありません。

けれど、ときどきふと思うのです。もしも、実の父親からではなく、他人からその座を引き継いだのであったら、もっと単純な世代交代に収まったかもしれない、と。ただシステムにのっとって、「これからは私の時代です」と言ってしまえばいいのですから。

父にとっても美容界にとっても、山野正義が生涯現役であり続けるのは当たり前のことで、私自身、父から教示してもらいたいことは限りなくあります。私は父が築き上げてきた現状に感謝し、父から学びながら、同時に父をサポートするように努めなければなりません。

加えて、着装や美容の技術でも、私がトップになったところで、何十年も先を歩いてきた先生方からすれば、いつまで経っても私は未熟者《みじゅくもの》です。自分には足りないものだらけなのに、肩書だけが重くなっていくことを、誰よりも面映《おもは》ゆく感じているのは私自身なのです。技術者には定年制度はなく、大ベテランの先生方はそれぞれの世界において、大勢のお弟子さんを抱える方々ばかりです。しかし、肩書ゆえに私はその人々の上に立っているわけで、その妙な感覚は、何とも説明しがたいものがあります。

幸いにして、山野流着装関係の先生方は、私が幼い頃からの顔見知りであり、第二、第三の母親のように慈《いつく》しんでくださいました。それゆえに私が跡目を継いで以来ずっと、大きな愛を持ってサポートしてくださっています。

しかし、そういった徒弟制度とは別の、企業の中での〝立場〟というものができてしまうと、先輩方に甘えてばかりもいられないのです。初代の世代が山野学苑を支えてきてくださったのはまぎれもない事実ですが、その方々に頼り切ってしまうために、今後を担っていく後進がなかなか育たないという問題も起こります。

学苑を経営する側の人たちは、そんな問題を今後、私がどう捌《さば》いていくかと、固唾《かたず》を呑んで見守っていることでしょう。彼らから見れば私は経営者ではなく、ヘアメイクや着装などの〝技術者〟でもあるからです。一方で、技術者側の方々は、「学苑の経営に関するあれこれを、ジェーン先生はどうにかできるんだろうか」と心配してくださっているはずです。なぜなら彼らにとって、私は山野学苑の〝経営者〟の一人だからです。

いったい、私は何なのでしょう。

象徴。シンボル。山野愛子の二代目、という、世界でたった一人の人間。

おそらく、就任した当初にまわりが私に求めたのは、そんなフィギュアのような存在だったと思います。経営面は、父を中心にこれまで学苑を運営してきた人々に任せればいい。技術面は、これまで初代・山野愛子の弟子として、教育部門を背負ってきた先生方に指導していただく。私はただ、山野家の象徴として、笑っていればそれですべてがうまく回っていたのです。むしろ、経営、技術、どちらの側にも、ゆるぎないエキスパートがいるのですから、私はそれを侵《おか》してはならなかったのです。少なくともいままでは。

山野愛子というアイコンとして存在する私は、外部の人々から見れば山野学苑のトップでも、会社の経営陣にとっては〝山野正義の娘〟であり、技術者のみなさんから見れば〝初代・山野愛子の孫〟。だからこそ、それ以上の何にもなれないままに日々を過ごしてきました。

「総長先生が実質的に引退されたら、ジェーン先生だけでこの学苑を切り盛りできるのか本当に不安だ」という教職員の声が、中途半端な立ち位置の私に対して向けられることもあります。どんなに小さな声も、不安材料はいつしか伝わってきてしまうものです。けれど、経営のトップに立つことになった以上は、そんな教職員たちの不安な思いを払拭《ふっしょく》しなくてはなりません。

「山野愛子の血を受け継いでいるからトップに立っているだけじゃないか」と思われたくありません。社員のみなさんに「ジェーンがトップでよかった」と心から思ってもらうためにも、ただの〝象徴〟で終わらないためにも、これからも修業を続け、信頼を勝ち取れるよう、前進あるのみです。

第4章

山野学苑理事長、そして教育者として

家族経営のよい面、悪い面

父とともに経営陣の中核として動くようになってからは、本当にいろいろなことがありました。名目だけでも世代が入れ替わると、こういった状況を利用しようとする人々が、社内に出てきてしまうものです。たとえば何かを提案するときに、まずは父のところに赴《おもむ》き、

「この案はジェーン先生からOKをもらっています」

と言ったとします。すると父は、多少納得できなくとも、「ジェーンがそう思っているのなら仕方ない」と、許可を出します。また、私のところにやってきて、

「総長先生がOKを出しています」

と言われてしまえば、私はその瞬間に、父の決定なら仕方ないということで、NOと言えなくなってしまいます。

こうして、結局は父も私も、どちらもなんとなく不明瞭《ふめいりょう》なままで物事が進んでいる、などと

いう事態がときに起こりました。なんだかおかしいな、変だなあ、と思いながら過ごしていたのは私ばかりでなく、父も違和感を覚えていたようです。そしてあるとき、お互いに詳細を吟《ぎん》味《み》してはおらず、単に名前を使われていたということがわかってからは、二人で「本当に許可を出したかどうか」の確認を取るようになりました。

普通の企業からすれば、こんなことが起こるなんて、ありえないことだと呆れられてしまうでしょう。しかし、こんなできごとが、家族経営の見過ごされがちな落とし穴でもあるのです。経営陣が家族なのだから、親に言えば子に、妻に言えば夫にすべて伝わっているに違いないとも思われているようです。さらに、経営陣の誰かに多少失礼があるような提案をしたり、無理難題を言ったりしても、家族間でうまくやり繰りしてくれるだろうと思う教職員もいるようです。上に立つ人間に血縁があるということは、経営する本人たちにとっては信頼感や安心感につながりますが、立場やとらえ方が変われば独裁的にも、無秩序《むちつじょ》にも見えてしまいます。

長きにわたり、経営者が教職員を家族のごとく思いやり、一人ひとりに心をかけてきた経営方針が息づく山野学苑。それは経理上も同様でした。祖父の治一は毎日家計簿をつけるかのように、金銭管理・権限を一身に背負ってきましたが、父・正義がアメリカから帰国した後は経済学博士の手腕で事業改革を行い、八十年の歴史を守りながらその軌道修正の指揮《しき》を執《と》ってきました。

数年前のことです。近年の少子化問題は学校経営に大きな影響を及ぼしており、深刻な経営難の中、どうしても教職員に賞与《しょうよ》が出せないという初の事態が起きました。賞与を諦めてくれと言う経理と、賞与を出してと言う父。その様は明らかに双方の立場が逆転していました。

「借金してもいいからボーナスを出してやれ。俺の言う通りにしろ！」

交渉は、父の一喝《いっかつ》で終わったのです。

常日頃から、教職員と学生に向かい「あなたはヤマノファミリー」と豪語《ごうご》する父は、しょっちゅう爆発する怒りん坊ではありますが、誰よりも教職員の生活を考えています。みんなが懸《けん》命《めい》に仕事をしてくれている以上、まったくボーナスを出せないよりは、ほんの少しでも渡したいという気持ちで必死の金策をした父。山野学苑のために働いてくれる教職員を大切にする父の姿勢を、私も受け継いでいきたいと思っています。

イエスマンはいらない

私は現在、父とともに経営陣の先頭に立ち、本格的に経営者として歩み始めています。しかし、これまで長い間、〝経営者の一人〟という肩書こそあれど、重要な集まり——たとえば経理関係や会社経営の根幹にまつわる会議に参加することを許されていませんでした。私の読み書きが英語であり、重要な書類の内容も英訳なしには理解できないということもありますが、私がそういった場にいなくても、会社の経営は回っていたからです。もちろん現在ではきちんとすべての会議に出席していますが、しばらくの間、私自身の意思は経営になんら反映されていませんでした。父に経営者としての力があったからそれでよかったのだと思いますが、このことは、私が肩書だけを持った〝象徴〟であることを求められていたという事実がよくわかる例ではないでしょうか。

また「トップの総長・山野正義」「象徴である校長の山野愛子ジェーン」「その夫、総括の中

川巧スタン」「短大の副学長である山野一美ティナ」と登場人物が多くなったことによって、

「僕は総長派だから」

「私は校長派」

「いや、総括でしょう」

「副学長だよ」

などと、派閥《はばつ》を公言する人たちまで現れました。一丸となるべき教職員の間でさえ、気持ちが四方八方に向きかねない状態だったのです。こうなると、私の存在を否定する人は、

「ジェーンは飾りもの。話を聞く意味はない」

という意識になり、たとえ私が意見を述べたとしても、

「ここは日本なんですから。アメリカじゃないんです！」

と即座に却下《きやつか》されてしまうこともありました。しかもその意見は後日、その人の提案として父に伝えられ、真相を知らない父が、「いい意見だ」と賛成し、採用されていたのです。

「こんなパンフレットを作ろうと思うんですが、どうしましょうか？」

と聞かれ、じゃあ、ここをこんなふうに、ここはこう変えて、とあれこれアイデアを伝えたところ、実はすでにそのパンフレットは刷り上がっていて、単に形式として、「ジェーンの意

見は聞いた」と言うための、事後確認だったこともあります。いまでこそ、そんなことはなくなったものの、二代目に就任した当初は、まわりの求める自分と、自分が目指す姿とのギャップに悩まされたものです。とにかくその当時の山野学苑は、父さえいれば安泰で、私は象徴として微笑みを浮かべることが、唯一にしてもっとも大切な仕事だったのです。

けれど、さすがに父も、近年になってこの状況はよろしくないと思ったようで、私が経営者としてひとり立ちできるよう、体制を整え始めてくれました。まずは教職員の意識改革です。

「イエスマンはいらない。言われたことだけを、はい、はい、と言って行動するだけで、自らが何も考えない人間は、この学苑にはいらない」

父が、初めてこのように、朝礼で話すようになりました。

長年にわたって父が一人で仕切ってきた山野学苑。それゆえに、父の意見や方針は絶対不可《ふか》侵《しん》であり、言葉は悪いのですが、会社に留まるためには、イエスマンでいるしかなくなってしまっていたのです。

しかし、そのシステムのままでいたならば、父が本格的に隠居《いんきょ》生活に入ってしまった途端、何も動かなくなってしまいます。

徒弟制度の名残《なごり》があり、また、アメリカ式トップダウンを採用してきた会社として、上長の言うことが絶対であるという経営方針がいままでの学苑を支えてきました。しかし、イエスマンを生むだけのやり方を見直し、もっと開かれた、笑顔あふれる企業であるためにも、父がこう言い始めたことは、山野学苑にとって大変大きな変革だと言えます。

私は、教職員が機械のように、ただ指示を待って言われるがままに動くだけのシステムに疑問を持ちながら、私自身が会社のイエスマンとなってここまでやってきました。そして、八十年の歴史を持つ山野学苑が変化しようとしているいま、大きな声で、

「イエスマンではいけない」

そう言いたいのです。

どの企業経営者も思っていることでしょうが、誰かが決めたことに何も考えず従い、時給だけを計算して仕事をやり過ごすような教職員はいらないのです。もちろんお金は大切ですし、それが仕事をするうえでのモチベーションになることも当然です。けれど、山野学苑で働く人たちは、対価だけを求めるのではなく、働くことに情熱を傾けられる人間であってほしいと思うのです。そして、そんな企業にしていくのは、私自身の責任でもあります。

かといって、全員が何にでも疑問を投げかけるようでは困ります。学苑内がご意見番であふれてはケンカになりますし、すんなり受け止めてくれる楽天的なタイプもときには必要なので

す。十人いれば十色の人柄が集まるのですから、それぞれの性格や特徴を生かして仕事をする――そんな状況こそが、企業に活力を与えるのではないでしょうか。要は、人材のバランスと、みなが同じ方向を向いて、同じように学苑をよくしようと思っていることが一番大切なのです。

ヤマノグループの教育部門は、かつて、専門学校がたったひとつというこぢんまりしたもので、その学校を、祖父母と父が三人で手分けして切り盛りしていた時代もありました。

しかし現在、山野学苑は山野美容専門学校とその夜間部、通信科、そして山野美容芸術短期大学など、学校自体の数も増えました。当然、入学式や卒業式も学校の数だけあり、私はそのすべてに出席しなくてはなりません。私はいつか、このすべての教育機関を一人で背負う立場となるのです。

いままでの山野学苑には、初代が築いた土台がありました。けれど時代が変わり、私たちも変わらなければいけないときがきています。これまでは、ふと気がついたらもう新入社員がいたという、私の知らない人事もまかり通っていました。けれど、これからは、自分の目で見て人を選びたいと思っています。組織が大きい分、私と現場の先生方の間には、信頼できる人々が必要です。そうでなくては、大切な学生さんたちを預かれないでしょう。山野学苑はいま、変化のときを迎えているのです。

ボトムアップの重要性

社会において、上下のけじめはとても大事なことですし、言葉遣いにＴＰＯは不可欠です。立場をはっきりさせなければ、混乱を招くこともあるでしょう。けれど、学苑が一丸となって〝充実した教育〟を目指している以上、教職員の方々が上下関係に縛《しば》られすぎて、言いたいことも言えず、トップダウンに従うだけというシステムでは、これからは発展していかないのではないか――。父が発した〝イエスマン排斥《はいせき》宣言〟の前から、私はそんなふうに考えていました。

私は祖母のように、美容界の先駆者として圧倒的な技術力で人を従えられるわけではありません。また、父のようにヤマノグループの外でビジネススキルを積んできたわけでもありません。だからこそ、イエスマンではなく、私の意見をきちんと精査《せいさ》してくれる人材が必要なのです。多くのブレーンが必要であり、多くの方の支えがなければこれから先の山野学苑をより大きくしていくことはできません。

実はスタンと結婚した直後から、私なりの改革を静かに始めていました。予算をかけて教職員全員にパソコンを支給し、三年後には全員が使いこなすことを目標に講習会を重ねてきたのです。また、『ティーチャーズ・ティー』も始めました。これは、会議のように緊張した集まりではなく、少人数での〝お茶会〟的なミーティングです。

どちらも「言いたいこと、疑問、不満、提案などを何でも言ってくださいね」というつもりで、ふだんなかなか首脳陣には言えないことをパソコンのメールやティーチャーズ・ティーの場で直接伝えてもらい、学苑の内容充実につなげていこうという試みです。

繰り返しになりますが、これからの山野学苑には、私の顔色をうかがうイエスマンはいりません。誰かにとって耳の痛い話でも、そこに学苑や学生に対する愛情があり、現実的かつ、施《し》行《こう》されるべき提案であれば、その意見は拾い上げられなければならないのです。

しかしこの企画は当初、迷走していました。

「何か意見はないですか？」

と呼びかけても、

「教室の電灯が切れてしまっています」

「体育祭の種目はどうしましょう」

といった当たり障《さわ》りのないことばかりでした。企業のトップを前にして、本当に言いたいことを忌憚《きたん》なく言うことは、上意下達の側面が色濃く残っていたこれまでの山野学苑では難しいことだったのでしょう。

けれど、「告げ口や反抗と、建設的な意見は違う」と理解してもらい、風通しのよい会社になるよう私自身が努力する姿を見せることによって、山野学苑で働くすべての人が同じ方向を向いてくれたらと願っています。

私は教育者でありたい

将来、美容家を目指す方たちが専門的に学ぶ場所を選ぶとき、「我が校で学べば、ヘアやメイクの技を競い合うコンテストで賞を取れるようになりますよ」といった誘い文句は素敵に思えるのでしょうね。でも、賞を取ったヘアスタイルのおおよそは、ヘアメイクやカットの基礎力を持っている人間が、ファッション性を重んじながら、他者にインスピレーションを与えるために作られるものです。ヘアカタログならともかく、ファッションショーのヘアのままで街を歩いている人はあまりいませんし、いたらとっても浮いてしまうでしょう。

実際に美容の現場で求められている人材の多くは、そういう意味での芸術性が強い人ではありません。となると、どんな教育が必要なのか——そう考えると、まずは、足場を固めることの重要性に気づかされます。どれだけ地味な作業であっても、美容家にとって何よりも大切なのは基礎力にほかなりません。

学校側として、それらをより確実に学生さんたちに身につけさせるには、指導者の質を上げることが何よりも重要です。そこそこの先生しかいなければ、そこそこの学生しか育たないのですから。

一方で学生は、必ずしも優等生である必要はないのです。うんと転んで失敗してもいい。たとえ成績が悪くてもいいのです。そういう人が一念発起《いちねんほっき》したときの向上心は強烈《きょうれつ》なものがあります。現在、現場で大活躍をしている卒業生の中には、

「自分は劣等生だった」

「真面目な学生ではなかった」

と、恥ずかしそうにおっしゃる方がたくさんいます。

アップダウンが激しかったからこそ、「よし、上に行ってやろう」と思ったときのパワーは強力だったのかもしれません。これ以上は下がれない、というところまで行けば、後は上がるのみ。ジャンプをする前には、いったん膝《ひざ》を曲げて姿勢を低くしなければいけないのと同じでしょう。

初代・山野愛子は、「教えることは、むしろ教わることのほうが多い」と言っていました。自分がお弟子さんに技術を教えるほどに、相手から気づかされ、学びにつながることが多かっ

たのだと思います。技術と心を教え伝えた祖母は、間違いなく美容家としてのカリスマでした。その息子である私の父は、経営のプロフェッショナルです。

では、私は何を目指すのでしょう？　自問自答を繰り返すと、私は人を育てることに夢をかけたいのだと気づきます。美容教育を通し『美道』を探求し、みなさんに求められるような人材を輩出《はいしゅつ》すること、これが私の掲《かか》げる目標です。

私の原動力は常に、「誰かを喜ばせること」「幸せにすること」であり、美容は、お客様を幸せにする仕事です。私は、その〝人を幸せにする美容師〟をたくさん育てていきたいと思っています。

縦と横のつながりが山野学苑の最大の武器

二十一万人。これは二〇一四（平成二十六）年時点での、世界中に散らばる、山野美容専門学校の卒業生の数です。山野学苑は、確かな技術力もさることながら、このネットワークを大いに生かし、就職率百パーセントを誇っています。

人と人とのつながりは、山野学苑が教育の現場において、とても大切にしていることです。私は校長に就任したのち、学生たちが日々の生活の中で、「自分は一人ではなく、誰かとつながっていて、誰かに支えられ、誰かを支えているのだ」ということを意識できるように、いろいろな工夫を始めました。

たとえば『ハッピーランチ』もそのひとつ。二学年で三十二クラス、千二百人いる学生たちを、小さなグループにランダムに分けて、三十分だけ一緒にランチを食べるのです。どんなに苦手な相手とでも、三十分なら我慢できるはずという考えから、この長さにしました。

いつも同じ人と、同じような会話を交わしながらの食事では、人間関係も視野《しや》も広がりません。就職して見知らぬ世界に飛び込むときのために、初対面の人と話をする際のきっかけ作りなども学ぶことができるでしょう。仕事のうえでは、苦手な人を避けてばかりはいられなくなるのですから。

ちなみに学生同様、教職員もハッピーランチを行っています。私はバナナケーキなどを焼いてはテーブルに広げて、毎回違う先生たちとの交流を楽しんでいます。

美容師の国家試験を受ける二年生に、一年生から励ましの手紙を書いてもらうのも、ひとつのアイデアです。将来を分ける大切な試験を前にすると、二年生はピリピリし始め、殺伐《さつばつ》としてしまいがちです。そこに、いずれは同じ道を通る一年生が励ましの手紙を書くことで、「一人で戦っているのではない」と思ってもらおうというわけです。

そして後日、今度は卒業した二年生が、かつて手紙をくれた下級生に励ましの手紙を送ります。誰かが自分を覚えていてくれる、誰かがどこかで自分を励ましてくれるという事実は、せっぱつまったときにこそ、ありがたさがわかるものです。学生たちに、卒業後、現場に出た先輩とつながりを持たせる、という意義もあります。

二〇一四年度の一年生たちは、国家試験を前にした二年生に、チョコレートを渡したそうです。

「国家試験頑張ってください！　僕たちも先輩方に続いていきます！」

とのメッセージとともに。

偶然、同じ場所で同じ夢に向かって学ぶことになったのも何かのご縁。そんな気持ちを持ってくれた学生たちは、きっと現場に出てからも、人とのつながりに恵まれる美容師であり続けることでしょう。

また、こういった関係性を持つことによって、山野学苑の仲間であるという意識も生まれます。就職率百パーセントの裏には、小さいけれども確実な積み重ねがあるのです。

卒業後の将来に〝幅〟を持たせる

そしてもうひとつ。少子化によって、どの美容学校も頭を悩ませているのが学生の確保です。これは本校のみならず、美容教育界全体の問題となっています。美容師になりたいと思ってくれた若者に、どのように山野学苑をアピールしていくか。いかにして山野学苑を選んでもらうのか。それに対する努力は、まず個々の授業の内容を充実させることからです。

学生を確保するにあたって、単に派手《はで》でにぎやかな宣伝文句を表に出せば、惹《ひ》き付けられる人もいるかもしれません。けれど私たちは、就職率百パーセントをより確かなものにして、さらに求められ、重宝《ちょうほう》される人材を育てることが使命であると考えています。

たとえば現在、美容師の免許を取って実際に現場に出たとしても、お客様相手にヘアカットを行えるようになるまでには、通常でも数年かかります。その間はお給料をいただきながらの修業となるわけで、新人ができるのは、掃除やシャンプー、カラーなど、限られたことばかり

です。アメリカ人の美容師にこれを聞かせたら、

「そんなに長くかかったら、カットができるようになる前に、辞めちゃってるか、死んじゃってるわ」

と、びっくりしていました。

けれど、もしその新人が、美容師免許とともに、ネイルやアイラッシュ、ヘッドスパなどの技術を持っていたら、オーナーさんとしては非常に使い勝手のいい従業員となるわけです。

ネイルやエステは、美容師とはまた別の勉強になりますが、在学中に学んでその技術を身につけておけば、将来の〝幅〟はどんどん広がっていきます。

特にネイルに関しては、繊細《せんさい》な作業が得意な日本人の技術は、世界的に評価が高いものです。しかし、これだけ美容先進国だというのに、ネイルの利便性やお手軽さは、アメリカに比べると、まだまだ立ち遅れているという現実があります。それには、どうも祖母の持っていたこだわりに原因があるような気がしてなりません。

アメリカには、どんな小さな町でも、あちこちにネイルサロンがあります。ドーナツショップとネイルサロン。このふたつは、アメリカ人の生活に完全に溶け込んでいるのです。それは料金にも反映されていて、日本では、土台からネイルを作れば、ちょっとデザインを入れると

一万円を超えてもおかしくありません。施術もたっぷり二時間以上はかかります。けれど、アメリカでは数千円程度の料金ですし、時間的にも、ものの三十分強でささっと仕上げてしまいます。早くて安い。なんだかどこかのコマーシャルみたいなものが、アメリカのネイルサロンです。たとえ細やかなデザインではなくても、日常的に手入れをしていつも指先を美しく整えていたいという女性や、ときには男性にとっても、アメリカのネイルサロンは気軽な町の爪屋さんなのです。

これに比べると、日本のネイルサロンが全国的に発達したのはこの十年ちょっとであり、値段も、決して安いとは言えないでしょう。なぜ、ネイルサロンがアメリカほどには人々の生活に早くから溶け込まなかったのでしょうか。

先進的で、インターナショナルな感覚を持った初代・山野愛子ではありましたが、ことネイルの話になると、

「日本はお米の国ですからね」

と言っていました。長くて華美《かび》な爪で、お米をとぐことはできないでしょう、という理屈《りくつ》です。そのため、ヘアメイクやエステなどは、世界の技術やアイデアをどんどん取り入れる一方で、ネイルについてはほとんど興味を示しませんでした。祖母のように、長い爪の女性は家事

をしないというイメージを持っている方は、もしかしたらいまも存在するかもしれませんね。

また、別の理由も推察できます。当時の日本人にとって、爪を染めたり長くしたりしているのは、夜のお仕事をしている女性というイメージが強かったそうです。それゆえにマニキュアは、タトゥーと同じようなものととらえている人も多かったそうで、美容業界の範疇《はんちゅう》にはなかったから、祖母は進出していかなかったのかもしれません。

もし祖母が、あの頃からネイルの発展に尽力してくれていたら、いま頃日本のネイル事情は変わっていたのかしら、と想像してみることもあります。

ともあれネイルに限らず、私たちが育てたいのは、卒業後すぐに戦力となりうる人材で、在学中にみっちりと学習してさまざまな技術を身につけることが、本人のその後に大きなプラスになればと願っています。まつ毛のエクステンションや、エステ、マッサージ、ヘッドスパなど、実用的な技術はたくさんあります。技術を持つことで、仕事のチョイスも広がっていくわけです。

学生に歩み寄った教育を

美容家として理想的な人材を育て上げるために、私が常日頃から学生たちに伝えているのは、「誰かのために、何ができるか考えましょう。そして、実際に何かをしましょう」ということです。私は、たとえば毎日の天気が違うように、日本語で上手に話せる日と、あまり言葉が出てこない日があります。それでも繰り返しこの気持ちを伝え、どんなに小さなことでも、誰かに何かをすることによって、いずれは自分に幸せが返ってくるのだと話し続けています。

誰かを美しくするために、ここで学ぶ学生たち。彼らには、技術や知識を身に付けるだけではなく、人を思いやり、行動できる美容師になってほしいのです。ですから常に「自分が誰かのために何をできるか」を意識して生きてもらいたいと思っています。

そのためには前述したように、まず、学生の鑑《かがみ》となる先生たちの質が問われます。古い世代をリスペクトし、基本を土台にしながらも新しいものを作っていく、そんな先生たちが必要です。

考え方がスクエア、いわゆる四角四面な人は、スクエアなことしか教えられません。年齢を問わず柔軟性《じゅうなんせい》のある考え方ができるかどうかが、これからの教育には問われます。決められたことだけをやっておけばいい、教えればいい、という考え方では、教師とは言えないでしょう。

もちろん人間ですから、相性があります。どれだけ素晴らしい先生でも、人間的にそりが合わずついていけなかったり、なじめなかったりする学生が出てくるものです。これに関してはお互いの努力が必要ですが、少しでもこういったストレスを減らすために、いろいろなアイデアが出てきています。

たとえば専門学校であれば、一人の教員がひとつのクラスを受け持っていた担任制をやめて、数人の先生で全体を見るグループ編成を取ることにしました。自分のクラス、人のクラスという分け隔てをなくして、多くの教員の目で、多くの学生を見るのです。こうすれば、たった一人の担任と気が合わず、憂鬱《ゆううつ》な思いを抱えて学校に来なくなる学生が減るのではと考えました。何人も担当の先生がいれば、誰かしらと気が合うでしょう。つまり、学生にも教師を選ぶチャンスを与えるわけです。そして二年間のメインイベントである国家試験の時期には、外部から講師を招へいして、一年生の講義にあたってもらうのです。そうすればその時期、専任の先生たちが全員、試験を前にした二年生の指導に八割方の時間を割くことができます。

教師の言うことは絶対だから、どんな先生でも尊敬してついていけ、というのは酷《こく》な話です。学生はすでに成人前後の世代ですから、自分の意思や好みがあるでしょう。また、このやり方をすることで、教える側にも「自分にはあまり学生が寄ってこないなあ……」という焦りや反省が生まれ、教師陣の努力にもつながれば、それが理想です。

そこまで学生に迎合《げいごう》しなければいけないのか、と思われる向きがあるかもしれません。しかしこれは、時代の流れなのです。どんな職場でも、「いまの若い人は……」という不満を耳にします。けれどそう言うその人も、かつては〝いまの若い人〟だったはずです。

先日も友人と笑い合ったのですが、昔の、特に運動部出身の学生は、「右に行きなさい」とひと言言われたら、「はい!」と返事するや否や、だだだーっと右の方向に走り出す子が多くいました。こちらが「ストップ」と言うチャンスを逃すと、ずっと走り続けてどこかに行ってしまいかねません。

これはあくまでもたとえですが、いまの多くの学生は違います。「右へ行きなさい」と言えば、「なぜ右ですか」「なんで左ではないんですか」「いつまで走るんですか」「どれくらいの速さで行くんですか」「どこまで行くんですか」「なんで自分が行かないとダメなんですか」となり、結果として行かない、ということがままあります。

いい意味で理論的、悪く言えば理屈っぽく、それでいて行動力に欠けるきらいがあります。この慎重さは決して悪いばかりではないのですが、こういった世代の特徴がある限り、教える側はその世代に沿った教育を求められます。専門的な知識や技術を学ぶところだけに、以前は志を持った学生が多かったものですが、最近の学生は、

「えー、将来の夢？　就職したくない」

ということも珍しくありません。夢や希望を持ちにくい時代で、そういう世の中なのかもしれませんが、少しでも私たちが、彼らの未来に橋をかけてあげたいと思うのです。でなければ、専門学校に来た意味もないでしょう。義務教育の延長のような気持ちで、ただ、社会に出るのを遅らせたいという理由で、専門学校や短大で学んでほしくはないのです。

日本の美容技術は、世界中のワーキングホリデー協定国などでも大変な人気があり、海外でも需要《じゆよう》は尽きません。ただ「専門学校や短大を出た」だけで終わってしまうのではなく、「山野学苑に来たから、社会人として自立できた」と言えるようにしてあげたいのです。社会に求められる有益な人材を作ること。それが私の、教育者としての最大の目標なのです。

有事の際に学んだ理事長としての覚悟

まだ経営者としても技術者としても学ぶべきことが山ほどある中で、二〇一一（平成二十三）年に起きた東日本大震災は、自分自身があらためてきちんと足場を固め、長であることをさらに強く自覚するきっかけとなりました。

その日、私はＭＹ　ＴＯＷＥＲ地下にある山野ホールのステージにいて、数百人の学生たちと一緒に講習を兼ねたショーを行っていました。午後二時四十五分過ぎ、突然、吊《つ》るされていたスピーカーがありえないほど揺れ出して、私自身も立っていられなくなったのです。すぐかたわらにいた秘書が、私を支えようとして、ラグビー選手がタックルするようにしがみついてきました。会場のあちこちで悲鳴が上がり、このままではパニックになってしまいます。

「みなさーん」

私はことさら落ち着いて振る舞い、ゆっくりと、穏やかな声で学生たちに話しかけました。

「はーい、叫ばないでくださーい。大丈夫！　この学校はご存知のように大変丈夫です。実は、このホールがある地下にも、地震の揺れを吸収するクッションのようなものが入っているんですよ。ほかには引けを取らない、耐震性抜群の建物でーす」

ざわざわざわ……女の子たちの叫び声はいつしか収まり、みな、静かに私の声に耳を傾け始めました。

「だから、安心してくださいねー、揺れが収まったらゆっくり移動しましょうねえ」

私ののんびりした声に、学生たちの顔がほっとしたものに変わりました。

その後は報道から、交通網の乱れを想定して、食べ物や飲み物を用意し教室に待機させると、それ以上不安を掻《か》き立てないように、教室のテレビで流れていたニュース番組を一時中断して、かわりにその日行われたショーの様子を流しました。学生たちは段ボールを教室に運び込んで、すでに泊まり覚悟の態勢です。たくましく、規律を乱さず対応する彼らを頼もしく思うとともに、私は、「何があってもこの子たちを守らなければいけない。何よりも大切な学生の安全は、私の責任」と、強く心に言い聞かせました。ふだんからそう思い、行動していたとはいえ、こういった緊急事態が起きて初めて、自分自身にいま一度活《かつ》を入れ、自覚をあらたにすることができたのです。

後日、学生たちから、

「あのときジェーン先生がすっごく穏やかな声でしゃべってくれたから、安心できました」

「ジェーン先生頼もしかったー」

と言われ、どれほどうれしかったことでしょう。

「ご自分は、怖くなかったんですか？」

と聞かれましたが、私は、本当に怖くなかったのです。学生たちの存在が、恐怖に立ち向かう勇気をくれたのかもしれません。

さらに、震災のすぐ後、私たちは親しくおつき合いをしている元大関の小錦《こにしき》さんとともに、炊き出しのお手伝いをしに東北に向かいました。現地の状況を目《ま》の当たりにして、校長として私が悩んだのは、すぐ先に控えた卒業式のパーティーを開催するかどうかということでした。

専門学校生にとっても、短大生にとっても、二年間の学生生活の締めくくりである卒業式は、学生である自分に別れを告げて、社会人としての第一歩を踏み出すための大切なものです。その式を行った後、教員と学生が歓談できるパーティーは、単なる飲食の楽しい場ではなく、絆を確かめ合い、あいさつを交わし合う最後の貴重な場所となります。けれど、震災直後はたくさんの楽しい行事が自粛《じしゅく》ムードとなり、私自身も、被災地の方々のことを思えば思うほど、本当にパーティーをしてもいいものか、と思い悩んだのです。最後は、当時、理事長だった父にこう伝えました。

「私は、学生たちの門出のためにもパーティーはやってあげたいと思います。けれど、会場となっているホテル側と山野学苑とで、パーティーの内容を自粛して費用を例年の半分にし、残った半分を、被災地に寄付したいと思うのです」

父は私のアイデアに、大きくうなずいてくれました。父はいつでも、そのときに一番大切なことは何かを理解しています。卒業式の後のパーティーは、学生たちの今後の人生において大切なプロセスであるという私の校長としての考えに父が賛成してくれたことで、私はひとり立ちへの後押しをしてもらえたような気持ちになりました。

パーティーは厳粛《げんしゆく》なムードで始まり、まずはみなで黙禱を捧げました。例年の華やかなパーティーとは違いましたが、門出を祝ってもらえる幸せを真摯《しんし》に受け止め、私と同じ気持ちで過ごしてくれた学生たちを誇りに思っています。

ところで後日、あの日のことをスタンと話していたら、

「えっ？　耐震のクッションがあるのは十階だよ。地下には必要ないよ」

と言われてしまいました。……ご、ごめんなさい。

父が取り入れたジェロントロジー

父の功績を紹介した際にも少し触れましたが、山野学苑では近年「ジェロントロジー」という新しい学問に取り組み始めています。まだ世間的にはさほどなじみのないジェロントロジーですが、東京大学では早くから研究が進められており、私立の学校としては、山野学苑が日本で初めて、美容福祉教育の一環《いっかん》として導入しました。これは、人間の老化現象をさまざまな角度から研究する学問ですが、シンプルに考えていくと、「老いていくことを前向きに受け止めて、心も身体も健やかに過ごせるような社会作りを目指す」という意味が浮かび上がります。

老化現象を研究するといっても、ジェロントロジーは、決して〝ケアする側だけ〟の理論ではありません。老いは誰にでも訪れるのですから、私たち自身も、年齢を重ねることを意識しながら生き生きと長生きし、ずっと元気でハッピーであることを目指しながら生活すべきなのです。歳《とし》をとることを前向きにとらえ、人の意見を聞ける耳や、人の思いが見える目を肥やすのも、さまざまな世代がともに楽しく暮らしていくために大切なことでしょう。

アメリカの南カリフォルニア大学（ＵＳＣ）は、このジェロントロジー学において、世界で初めて博士号を出した学校です。山野学苑は、父と関わりの深かったＵＳＣの要請を受け、オンライン教育を通じて、日本でディプロマ（資格免状）を取れるシステムを確立しました。

四人に一人が六十五歳以上という高齢化社会になりつつある日本で、どのように老いと向き合うかは、今後、誰にとっても課題になるはずです。そんな社会の到来を控えて、身近なわかりやすい例で、ジェロントロジーの重要性を挙げてみましょう。

これは、私がある老人福祉施設で、メイクアップサービスをさせていただいたときのことです。ベッドから起き上がれないような方も含めて、白髪のお年寄り女性ばかりがお客様。その方々の髪を整え、メイクを施し、顔色がよく見えるようなルージュで唇を美しく彩《いろど》りました。

すると、ぼんやりと空間を見つめていただけの、いわゆる「寝たきり」と言われていたおばあさんが、何度も鏡を覗き込み、にっこりと微笑んだのです。ぼさぼさのままだった髪を毎日とかすだけで、言葉数が増えたり、表情が生まれたりするお年寄りの例もありました。

人間は疲れたり意欲をなくしたり、鬱《うつ》になりかけたとき、身なりに構わなくなるそうです。逆を言えば、身なりをきちんとすることによって、意欲や積極性も生まれてくるわけです。

私が日本に来たときに驚いたのは、日本のお年寄りの地味さでした。黒、グレーに、茶。みなさんが、同じような暗い色の服ばかりを着ているのです。アメリカでは、お年寄りが真っ赤なドレスを着て華やかに装う姿もよく見られますが、日本では、謙虚なのか風習なのか、「お年寄りはお年寄りらしく」装うのが当たり前とされているようです。楽しいこと、華やかなこと、派手で明るいことから身を退《ひ》くのが、お年寄りの礼儀なのかと勘違いしてしまいそうですし、実際、そう思っていらっしゃる方もいるかもしれません。けれど、そのことが、心の加齢に拍車をかけているような気がするのです。

女性はいつまでも女性です。装う気持ちを忘れてしまったり、まわりが「歳なんだから」と、本人の美しくありたい気持ちを取り上げてしまったら、心身ともに老《ふ》けていってしまいます。ジェロントロジーは、さまざまな角度から老いを検証する学問ですが、美容においては、美しくありたいという意欲が、生命力につながるということをも実証できるのです。

山野流着装の先生方には年配の方が多く、八十歳を過ぎても現役で、生き生きと輝きながらお仕事をされている方もいらっしゃいます。彼女たちは「Beauty jewel（美しい宝石）」という称号を与えられ、表彰もされるのです。表彰式に呼ばれて初めて、

「あらいやだ、先生って、八十なの？」

「そちらこそ！」

と、ご高齢の先生方が手を取り合って笑う光景も珍しくありません。長年ともに勤めていても、お互いが歳を感じさせないほどのバイタリティーで動き回っているという表れでしょう。

同時に、単に元気なだけがジュエルズなのではありません。歳をとるほどに、新しい技術や環境になじめないのはどの世界にもあることですが、山野流では、頑固一徹《がんこいってつ》に旧式の教えを守り抜くのではなく、古いものと新しいものをどちらも受け入れ、さらにいいものを作ろうという向上心、柔軟性、融通性《ゆうずうせい》が問われるのです。

自分の若い頃には常識だったことが、現代では通用しないことはいくらだってあります。そのあたりをきちんと理解して対応できるジュエルズは、まさに山野流の〝宝物〟であり、彼女たちの輝きをよく知っているからこそ、山野学苑はジェロントロジーに力を入れているのです。

父は著書でもこのジェロントロジーについて取り上げ、日本での定着に力を注いでいます。

「Sunset is as beautiful as sunrise（日没は、日の出と同じくらい美しい）」

父が日頃から口にするこの言葉には、「老いは恥じるものではなく、若さと同じくらい輝き誇るべきものだ」という思いが込められています。この気持ちを日本中に届けることは、学苑を引き継いだ瞬間から、私のもうひとつの使命となりました。

第5章

ジェーン流子育て

三代目の存在

娘のミアが誕生するまでの経緯《いきさつ》は、すでに書きましたね。ようやく生まれてきてくれた子供でもあり、本当に愛おしい娘です。ありがたいことに、父をはじめ周囲からの愛情もひときわ多く受けているように思います。けれど娘は、多くの方からの愛情とともに、〝三代目・山野愛子〟という宿命も背負って生まれてきました。母としては、それが大きな重荷になってはいないかと、気になるときもあるのです。

私が、現在の娘の年齢だった頃、自分の将来について考えたことなどありませんでした。カリフォルニアの空と海がすべてで、そこで楽しく過ごす日々がずっと続くと思っていたのです。けれど彼女は八歳にして、「いつかママと一緒にお仕事をする」と、やる気満々です。

娘は生後すぐから私の仕事のほとんどすべてを、大きな瞳でじっと見続けてきました。たとえば娘の休日は、そのほとんどが私たちの仕事の都合で埋められてしまいます。同年代の女の子が、家族で動物園に出かけてパンダを見ているようなときも、彼女は親の仕事につき合わなければならないのです。ときには私のアシスタントとして動くこともあります。普通では考えられないことかもしれませんが、出張に連れて行くこともしばしばです。出張先へ向かう移動中も、私たち親子にとっては貴重なコミュニケーションの時間ですし、何より、生まれながらに三代目の重荷を背負わされている我が子に、きちんと家業について見せてあげたいという思いが強いのです。それは、私自身が十八歳になるまで自身が背負っていることを何も知らされず、世界が一変したあの悲しい経験を、自分の娘にはさせたくないからでもあります。

　ですから、娘は生まれたときから〝美容のお仕事〟が、当たり前のように身近にある環境で育ちました。私たちがやっていることを、〝ごっこ遊び〟の延長線上で、真似てみることも多々あります。試験の審査の点数をつける先生方を見て、生真面目《きまじめ》な顔で、自分なりの審査をしてみたりもします。二歳の頃にはすでに理容ハサミを持って、ウイッグを相手にカットの真似事を始めました。三歳の頃には、「美容はマミーの仕事なんだ」と理解するようになりました。そして四歳になり、

「マミーのお仕事は楽しそうね」

と言いました。私の仕事が生活の中に溶け込んでいる状態を、前向きに受け止めてくれたよ

うです。
五歳からは美容学校を受験する高校生たちの練習にまじって、お兄さんやお姉さんたちと一緒に三つ編みをしたり、大胆なカットに挑んだりしています。イベントで花嫁のクイックチェンジのステージが始まると、いつの間にか私の隣に立っていて、花嫁さんにブーケを渡したり、トレーン（ドレスの長い裾《すそ》）を渡すようになりました。その仕事はいつの間にか、彼女が行うことが恒例になっていたのです。

「学校に行かずに、マミーと一緒に美容のお仕事がしたい」

と言い始めたのは、ミアが小学校に入ったときでした。七歳の作文には、「大きくなったらママのように、びようのおしごとがしたいです」と書いてあり、驚くと同時に、本当にうれしく思いました。まだ幼い我が子が、働く私の背中を見て、家業に興味を持ってくれたことがうれしかったのです。

二〇一四（平成二十六）年には、毎年開催されるインターナショナル・ビューティ・フォーラムにおいて、三代目としてのちょっとしたお披露目も行われました。実はその前日に熱を出していたのですが、それでも泣き言ひとつ言わずにリハーサルをこなしていた娘の姿に、私は胸を打たれました。祖母・山野愛子の教えが、自然と三代目にも伝わっている——そう感じたのです。

そして当日、大勢のお客様の前でスポットライトを浴び、モデルの髪を三つ編みに結いながら歌う姿は、未来の三代目・山野愛子として堂々たるものでした。舞台下のセリに乗り、ステージに上がってきた娘のまっすぐな立ち姿に、私は涙をこらえることができませんでした。

この世界に入って、泣いたのはほんの数回です。泣きたいことは数えきれないほどあったけれど、実際に人前で涙を見せてしまったのは、初代・山野愛子である祖母が亡くなったときと、山野愛子を継いで三十年となった記念の記者会見、五十歳の誕生日に友人たちに囲まれたとき、そして、ステージに立つ娘のまっすぐな背中を見たときでした。

もっとも本人は、かつて私がカーネギーホールできょとんとしていたように、自分が三代目だと披露されていることの意味を、しっかりとは理解していないかもしれません。それでも当時七歳だった彼女が、山野学苑の仕事の一端《いったん》を担ったことには間違いなく、関係者、とりわけ私の父を大いに喜ばせたのでした。天国の祖母も、きっと同じ名を持つひ孫の姿を見守ってくれていたことでしょう。

娘に背負わせる〝山野愛子〟の重み

三代目としてのお披露目も済ませ、父をはじめ周囲の方々の希望もあるとは思いますが、実は私たち夫婦はただの一度も、娘に美容の道を歩むよう強いたことはありません。もちろん家業ですし、祖父母から父、私と経てきた山野学苑を、さらによいものにして娘に託《たく》せたら、これほど幸せなことはないとは思います。

けれど、彼女はまだ八歳。年齢的にも、まだ学苑の仕事を遊びの延長のような感覚でとらえていることでしょう。それだけに、成長しながらゆっくりと内容を把握し、自分に課せられた使命を理解したうえで、将来をきちんと決められるようになれば、と願わずにはいられません。そのために、幼い頃から、私がどんな仕事をしているのかを見て、感じてほしくて、できうる限りどこにでも連れて行ったのです。これからの人生で、いろんなことを学んで、そのうえでこの道を選んでくれたなら、母としても山野学苑の経営者としても、これ以上の喜びはありません。

あるとき、ふとした親子の会話から、娘にこんな質問をしてみたことがあります。

「ねえ、ミアちゃん。ママのお仕事をいつか引き受けて、代わりにやってくれるのかしら？」

すると彼女はいたずらっぽい顔で笑いながら、

「三十歳になったらね～」

と言います。その表情につられるように、

「それまで私が生きてたらね～」

と何の気なしに返したところ、娘は突然真剣な顔になり、

「マミーが長生きできるように、私が毎日祈っているから大丈夫」

と言うのです。

思い返せばまだ娘が小さかった頃、「マミー、いつ死んじゃうの？」と聞かれたことがあります。幼いながらに、私がどんな立場にいて、どれだけ毎日へとへとになっているかを、〝家庭〟というバックヤードで見続けてきた娘です。「マミー、大丈夫？」と気にかけてくれることはよくあっても、まさか長生きをお祈りしてくれていたとは知りませんでした。

「いつから祈ってくれてたの？」

「ずーっと、ずーっと前から」

子供心に、もしかしてママはベッドに倒れ込んだら、そのまま死んでしまうのではないか、という不安があったのかもしれません。

三十歳という区切りをなぜ持ち出したのかはわかりませんが、それまでの二十数年を、彼女はどんなふうに生きていくのでしょうか。

生まれ落ちた瞬間から、三代目という宿命を背負った私の娘。

〝山野愛子〟という名前の重みを、彼女が本当の意味で知るのはいつになるでしょう。私には選択の余地《よち》がなかったから、せめてこの子にはチョイスを与えてあげたい。そして、好きな道を歩ませてやりたい。

その一方で、もうこの美容の世界が、彼女にとってはすでに〝好きなこと〟のひとつになってはいないかと、親としては期待もしたいのです。

かつて私の父が、経営者と父親の狭間で苦しんだ日が、いつか私にもやってくるでしょう。だからいまはせめて、母として、そしてヤマノグループを紡《つむ》いでいく者として、娘が進む道を、導きながらも邪魔せぬように、そっと見守り続けていくつもりです。

愛情はできる限り言葉で伝える

今日も電話が鳴ります。メールも入り続けます。仕事では一日に二百通ほどのメールに返信し、携帯電話もひっきりなしに鳴りますが、母親の勘でしょうか、着信音を変えているわけでもないのに、娘からの電話やメールだけはすぐにそれとわかります。

「マミー、いまどこ？　何していますか？」

「ママはいま、会議が終わって代々木です。これから八王子に移動しますよ」

「わかった。頑張ってね、ママ」

それだけの会話。特に用事があるわけではないのです。とにかく、一緒にいないときの娘は、私がどこにいて、何をしているかを知りたがります。彼女の登校時に、私がエレベーターの前で見送るときも、扉の閉まり際に本日の所在確認を始めたりするのです。

「マミーぃぃぃ、今日はぁぁ、どこに行くのぉぉぉぉぉ……」

扉は彼女の言葉の途中で閉まり、下降とともに、声が小さく遠ざかっていきます。それにかぶせるように、私も叫びます。

「今日はあー、学校ぉぉぉぉぉ……」

早朝のエレベーターホールに響く、近所迷惑な親子の会話です。

どうやら娘は、私の動向を知ったうえで、自分が信頼できる人と一緒にいる、ということがセットになって初めて安心するようです。そのどちらが欠けてもいけないのです。

朝の儀式はそれだけではありません。

「(携帯電話の音がちゃんと鳴って、私が着信に気づくように)バイブレート、オフ!」

「雷が鳴ったら、建物の中に入ってね」

「時間通りにお迎えに来てね」

この三点を私に念押しして、ようやく学校へ向かうのです。

食事とお弁当作りに、学校の送迎にボランティア活動。働く母として、できうる限りの時間と体力を絞《しぼ》り出して子供と向き合う毎日です。どうにも都合がつかないときに限って、ベビーシッターさんのお世話になっています。多くの方の支えがあって、いまの仕事ができている中で、ベビーシッターさんも力強い味方の一人。助けてくださるすべての方に、感謝しかありません。

娘が眠っている間に家を出るときは、彼女が起きたときに明るい気持ちになれるよう、ベッドサイドにメモ書きを残します。逆に、深夜私が家に戻ったときは、彼女からの絵付きの「ママ、おつかれさまでした」というメッセージが残されています。どんな気持ちで書いてくれたのかしらと思いながら手に取れば、一枚たりとも捨てることができません。

私が早朝から深夜まで、土日祝日も関係なく動き回っているため、ミアはほかの子のように、学校から帰ってきたときに、母親から「おかえりなさい」と言ってもらえる機会が少ないかもしれません。だからこそ、朝ごはんはしっかり作り、メッセージを添えた楽しいお弁当を作り、連絡とコミュニケーションを密に取って、心の隙間ができないように心掛けています。

おそらく働くお母さんみんなが持っている「もっと子供とふれ合いたい」という思いは、私にも当然あります。だからこそ、彼女が寂しくないように、身体は離れていても、心はいつもつながっていて、愛しているということを常に伝えるようにしているのです。

家族で過ごす時間が少ないので、一日中仕事抜きで私たちとべったり一緒にいる、というチャンスもそうはありません。彼女にとっては言いたいことも山ほどあるでしょうし、「もう、こんな生活はいやだ！」といつ言われてもおかしくないのです。

けれど、娘が不平不満を漏《も》らしたことは、一度もありません。それは、もしかしたら日々、彼女に対する愛を、しっかりと言葉や態度で表しているからかもしれません。

日本人には、言葉に出さない相手の本音を感じ取る能力があります。それゆえか、ストレートな愛情表現をためらい、照れてしまうこともあるようですね。それは日本の美しさ、奥ゆかしさにつながっているのでしょう。

一方でアメリカ人は迷わず愛を伝えます。夫婦間でも、子供に対しても、友人同士でも、ぎゅっとハグして、大切な思いを言葉にする。私はこのことに関しては、アメリカ式の子育てをしています。一緒にいられる時間が少ない分だけ、まだ幼い我が子にたくさんの〝言葉〟や〝態度〟で愛情を伝えたいと思っているからです。

これは、家族間だけでなく、会社の人たちやお世話になっている人、おつき合いのある人々に対してもそうです。相手に対する尊敬の念や感謝の心は、積極的にたくさん伝えるべきだと思うからです。

「きっとわかってくれているはず」と思っているのは自分だけで、相手には伝わっていないことは、たくさんあります。特に日本のご夫婦の場合は、ご主人が、「そんなことといちいち言わなくてもわかっているだろう！」と、奥様に対する愛情表現や感謝を口にすることをためらう場合が多いようですし、ニッポン男児はそんな〝女々しい〟ことはしないのかもしれません。けれど、たとえ「愛してる」と言えずとも、せめて、「ありがとう」だけでも、伝えてほしいものです。

山野学苑の教職員の男性たちにも、「言わなくてもわかるだろう」タイプの方はいっぱいいます。私はこういった部分もぜひ変わってほしくて、

「奥様に、ちゃんと感謝を伝えてくださいね」

とお願いしたところ、後日花を贈ったと照れながら報告してくださり、うれしくなりました。

感謝の言葉などを直接その場で伝えられない状況なら、私はカードを書くことにしています。

移動の多い仕事ですから、飛行機や新幹線に乗る際、数百枚のカードとペンを持ち込むのです。ふだんなかなか時間を取れないだけに、移動中はカードを書く絶好のチャンス。飛行機に持ち込んで、成田からパリまでずっと書いていたというのが、いままでの最長カード書き記録です。どんなに短くても、手書きで感謝を伝えれば、きっと相手も喜んでくれるでしょう。

会えない日に残された娘からの伝言を見ると、この「とにかくマメにカードを書く」という習慣は、確実にミアへ受け継がれていると感じるのです。

娘に教えられる〝気持ちの切り替え〟

なかなか一緒にいられない娘ですが、それでもともに寝られる夜には必ずしていることがあります。それは、彼女のお気に入りの物語を読み聞かせることと、その日一日のできごとを振り返って、〝大好きだったこと〟〝あんまり好きではなかったこと〟のふたつを話してもらうことです。これは、不平不満を言わせるのではなく、彼女の〝大好きだったこと〟をともに喜び合い、〝あんまり好きではなかったこと〟を一緒に残念がるのが目的です。

成長とともに揺れ動く子供の心は、親の態度ひとつでいかようにも変化します。そんな幼心を穏やかに保つ秘訣《ひけつ》は、彼女に「いやだ」「嫌いだ」といった「マイナスの思考を引きずらせないようにすること」と、「〝愛されている〟という安心感を常に持たせること」でしょうか。

ミアは幼い頃から、「いやだ！　ぎゃー！」と騒いだり、駄々をこねたりということがほとんどありません。ほんの数回あったときは、私も疲れていたものですから、爆発する娘を前に感情を抑えるのが大変でした。持っていたカップを投げそうになったこともあります。

一度「いやだ」と言ったら曲げないのも、この年齢の子供にはよくあることのようで、たとえば着る服ひとつにしても、お気に入りをいつまでも着続ける、着たくないものは頑として着ない、ということが、特に女の子には多いようです。

娘の場合は、大好きなピンクをいつも着たい、それ以外は着たくない、という主張があまりに強く、幼稚園入園のときは、制服が紺色なので着たくないと駄々をこねられました。頭を悩ませた末、私が取ったのが「ピンクのハートのアップリケ作戦」です。外から見ればごく普通の紺の制服ですが、そのジャケットの内側にピンクのハートをたくさん縫《ぬ》い付けたのです。

「通の人が、着物の上前《うわまえ》の内側、八掛《はっかけ》に粋《いき》な柄《がら》を染め抜いているみたい」と笑われたものの、まさにその通り。けれどそのおかげで彼女はなんとか納得して、紺色の制服に袖を通しました。

女の子の服装に関しては、多くのお母さんたちが似たような経験をお持ちのようで、ママ友とはお互いの苦労話に花が咲きました。子育ては、工夫と忍耐勝負なのだとつくづく思います。

とはいえ、時間に追われながら夫婦で走り回っている私たちにとっては、あまりキーッとならない娘の性格はありがたいものです。けれど一方で、八歳は八歳なりに、心の平静を保つための工夫をしているんだと感じたこともありました。

彼女が「いやだなあ」と感じるできごとがあった、その後のことです。

「ミアちゃん、あのときは……」

私がその話をしようとすると、娘が私を遮《さえぎ》りました。

「マミー、ストップ。その話はやめてくださいね。もう忘れようと思うの」

へえ、八歳でも、そんなふうに考えられるんだ、と我が子ながら感心しました。

いやなことを努力して忘れて、前に進む。これは、まわりがどれだけ言おうとも、本人にしかできないことです。大人だって、苦しくいやな思い出にとらわれて、前に進めない人がたくさんいるのですから。

娘は明らかに、〝いやなことは心に残さない〟タイプです。学校生活の中でも、家業である山野学苑の仕事に駆り出されているときでも、「いやだな」と思うことは必ずあると思います。でも、いやなことにもきちんと向き合って、受け止めているようです。そして、ただ落ち込んだり、ふてくされたりするのではなく、自分の力で前を向こうとしているように見えます。そんな姿勢を、これからも大切にしてほしいものです。

そしてこの姿勢は、私自身も心掛け、学生たちにも常に伝えている〝心の持ちよう〟なのだと、娘の様子を見るにつけ、初心に返る心地がしています。

子育ては、人とのつながりに気づけるチャンス

ミアは、八歳にしては気持ちの切り替えがとても上手です。自分の感情をポジティブに保つコントロールができているようにも思います。そのあたりは、私に似ているかもしれません。

しかし、小学校に上がってしばらくは、学校に行きたがらない時期が続きました。一人娘で、いつも見知った誰かの目の届くところで注目を集めていたのが、突然〝知らない人〟がたくさんいる世界に、たった一人放り込まれたような気分になったのでしょう。親のいない、子供だけの世界で〝自分らしさ〟を表さなくてはならないことへの不安もあったのだと思います。

学校まで送って行って、着いたはいいけれど、教室に入りたがらない娘。仕事に行かなければならない時間が刻々と迫りますが、彼女の〝行きたくない病〟は治まりません。なだめすかし、手を握り、半ば引きずるような形で教室へと連れて行きました。

学校に行きたくないという思いが高じて、出がけに、

「なんだかゲーしそう……」

と訴えたこともありました。けれど親としては、子供の自己申告が本当かどうか、すぐにピンときます。このときは表情をよく見て熱がないのを確認し、飛行機などのフロントポケットに入っているエチケット袋を渡して、

「ハイ、気持ち悪くなったらこれで大丈夫！　行ってらっしゃーい」

と送り出しました。

〝ゲーしそう作戦〟は通用しないと悟《さと》った娘が、諦めて袋を持ち、とぼとぼと歩いていった姿は忘れられません。私は心の中で詫《わ》びながらも、やっぱり少しずつ、自分自身に立ち向かっていってほしいと強く願うばかりでした。

ちょうどそのタイミングで夏休みに入り、ホッとしたのも束の間、休暇中、娘は私の母校、アメリカンスクールで開校されるサマースクールに通うことになっていたのですが、こちらも「行きたくない！」と、ぐずられました。結果、またしても娘の手を握り、引きずるようにして教室に押し込むことになりました。偶然ですが、このときの教室は、四十年前に妹のティナが使っていたのと同じ部屋。まさか四十年のときを経て、妹ではなく娘を相手に、まったく同じ光景が再演されることになるとは夢にも思いませんでした。

それにしても朝、出勤前に見た子供が泣き顔だと、母親としては一日中憂鬱になります。いま頃は本人も、気分が変わって笑顔でいるはずと思いつつ、やはり心配でたまらないのです。子供が笑顔でいてくれる。それだけで親はハッピーになれるし、幸せな気持ちに包まれるものです。連日泣き顔を見てから仕事に行っていたあの頃は、切ない気持ちでいっぱいでした。

だんだんと仲よしのお友達ができ始めてからは、この〝行きたくない病〟も治まったのですが、当時の娘は引っ込み思案《じあん》で人見知りも強く、お母さんたちの間ですっかり有名になってしまいました。

あるとき、学校行事の音楽会で、娘が珍しく自ら志願してソロを歌ったのですが、そのことがお母さんたちの中で大変なニュースになってしまい、鑑賞できなかったお母さんからも、

「ミアちゃんが！　一人で！　歌ったんですって!?」

と電話やメールがきたほどでした。お母さん方の間でちょっとした騒ぎになるほど、引っ込み思案の女の子と認識されていたわけです。反響の大きさに驚くと同時に、まわりのお母さん方が、ふだんから私の娘のことを、そんなふうに気にかけてくださっていることをひしひしと感じ、周囲の方々の温かさに、とてもうれしくなりました。

またあるときは、娘の仲よしの男の子が骨折し、数日学校を休むことになってしまいました。

するとその男の子のお母さん、バイオリニストの高嶋ちさ子さんが、
「どうしよう！　ミアちゃん大丈夫？」
と連絡をくださったのです。本来なら、こちらが息子さんの心配をして先にご連絡すべきところですが、娘がちさ子さんの息子さんをとても頼りにしていただけに、「うちの子が欠席したらミアちゃんまで学校に行かなくなるのでは」と、逆に娘を気遣ってくださったのでした。彼女自身が公演など、忙しい日々を送りながら子育てをしているというのに、自分の子供以外のことにまで細やかに気遣ってくださる懐《ふところ》の深さは見習うべきですし、感謝しかありません。

多くのママたちが、「学校に行きたくない」と言い出した子供に心を痛めたことがあると思います。なぜ自分の子供だけが、と思うこともあるでしょう。けれど、多かれ少なかれ、似たような経験をしている人はたくさんいると思います。忙しく大変な思いをしているお母さんは、自分だけが苦しみながら子育てをしていると思いがちですが、ママ友同士が何かと助け合うように、子供は子供で、どこかで誰かの力を必ず借りているものです。

人は一人では絶対に生きられないし、子育てもまた、周囲の人々の助けが、たくさんの力を与えてくれます。ＰＴＡ活動など学校にまつわることは、こういったママ友の助けなしにはやっていけません。人と人とのつながりに感謝した日々でもありました。

ママ友がくれる勇気

　子育ては誰にとっても大変な仕事です。主婦業には〝退社時間〟がありませんから、家事を追求し始めたらきりがありませんし、専業主婦の方は一日中、誰の助けもなく、子供と向き合わなければならないこともあるでしょう。自分の時間などないも同然で、へとへとに疲れ果てている人はたくさんいます。

　一方で、私のように仕事をしながら子育てをしているママたちがよく口にするのは、

「仕事で子供と離れる時間があるのは、気分転換にもなる」

　というものです。特に難しい年齢の幼少期の子供と一日中べったり一緒にいると、ノイローゼになってしまう人もいるほど、子育てにはパワーが必要です。私の場合は、仕事場がそのまま家庭であり、家庭がそのまま仕事場なので、母である時間と、学生たちの校長・学長である時間は同時進行です。娘もそれを理解してくれているようですし、私自身、仕事と家庭を分け

てしまったら、〝母だけでいられる時間〟があまりにも足りないことを寂しく申し訳なく思い、落ち込んでしまうかもしれません。

とにかく時間が足りません。けれど、誰に対しても一日は平等に二十四時間しかありませんから、いかに手早くなんでもこなすか、いかに時間を短縮するかは、毎日の課題です。

たとえば料理にしても、じっくりとフライパンの中を眺めながら炒《いた》めている時間はありません。私の朝は、まさしく戦場なのです。

起きるなり今日の予定をチェックしながらフライパンを火にかけ、同時にミアのお弁当に入れるメッセージを書き、仕事の留守電をチェックしながらフライパンから中身をお皿に移します。お弁当用のお料理を冷ましている間に眉毛《まゆげ》だけ描き、朝食を用意し始めながら、今度はチークを入れつつメールをチェックします。家族の朝食をテーブルに並べ、娘のお弁当を詰めてメッセージを入れ、朝食を食べて、すぐに仕事のメールを書けるだけ書いて、テーブルの上を片づけて、口紅を塗って、仕事の電話をかけて……もう、書いていたらきりがないほどのせわしなさです。幸い、江戸っ子でせっかちな祖母に鍛えられたおかげで、「千手観音《せんじゅかんのん》」とまわりから笑われるほど手の動きは素早い私なので、このスタイルでなんとかできているのでしょう。

旅先などで、二、三時間しか睡眠がとれそうにないときは、究極の手を使います。深夜、下手をしたら明け方頃、とにかく絶対に崩れないようなフルメイクをし、ヘアも完璧にセット。翌日、仕事に着ていくスーツを着込んでから、ヘアがつぶれないように、そーっとそーっとベッドに寝転んで、はい、おやすみなさい。非情な目覚ましが鳴るまでのわずかな時間を、こうして過ごすのです。目覚めたらそのまま出動できる素敵なアイデアですが、美容家でありながら、これはありなのかしら、と、たまに考えたりもしています。

それでも、何もかもまわりがお膳立《ぜんだ》てして、それに乗っかっているだけと思われることが大変多いのです。

「えっ？　料理なんてするの？」

——毎日ごはんを作ってますよ。

「えっ、荷物のパッキングなんて自分でするんだ？」

——昔から旅暮らしで、得意ですよ。

「えっ？　あんなことも、そんなこともするんだ？」

——…………。

と、あたかも私が王侯貴族《おうこうきぞく》か何かで、何ひとつ自分のことをしないかのように言われることが多々あります。「してる！　私、してる！」と言い張るのもなんだか子供じみているし、けれど、この生活を理解してもらえることは少なくて、密《ひそ》かに傷ついたりもします。

そんなふうにテンションが低くなりかけると、「私は仕事と子育て、家庭と、すべてをちゃんとやっているのかしら……」と、ふと考え込んでしまうものです。

そんなとき、力を与えてくれるのは、同じようなことをやってのけているママ友の存在です。たとえば学生時代からの友人の、早見《はやみ》優《ゆう》さん。彼女は芸能活動を続けながら二人のお嬢様を育て、学校行事、ＰＴＡ役員、さらにはガールスカウトにも積極的に保護者として参加しています。それでも疲れた顔を見せず、輝き続けている姿を見ると、「できるんだ」「私も、見習って頑張ろう」と勇気づけられ、納得させられるのです。

第6章

大胆かつ繊細なジェーン流生き方

本質は〝デアデビル〟な私

父の子育てのこだわりのひとつは、私とティナの姉妹にジーンズをはかせないことでした。アメリカ人のカジュアルウエアの象徴であるジーンズは、米国の中でもことさらカジュアルな土地であるカリフォルニアにおいて、老若男女の生活に欠かせない洋服です。そこで生まれ育ったにもかかわらず、ジーンズをはかないというのは、珍しい存在なのです。けれど父の希望通り、私たち姉妹は、特に大人になってからはスカートにパンプスという装いを心掛け、パンツスーツなども身に着けることはありません。ゆえに、おのずと、とてもフェミニンな人だと思われることがあります。

そのせいでしょうか？　私が趣味でスキューバダイビングをすると言うと、

「ええっ？　想像がつかないですね」

と驚かれます。ストレス解消に一人で車を走らせるのが好き、と言うと、

「イメージじゃないなあ」

と言われることもあります。「本当はスカイダイビングがしたいのに、危ないからダメと止められているんです」などと言ったら、どんな反応をされるのでしょう。

親しい友人に言わせれば、私は〝デアデビル〟なのだそうです。デアデビルとは「向こう見ず」とか「無鉄砲」という意味で、危ないことでも臆《おく》することなく突き進み、やってしまうというイメージの単語です。

幼い頃から、とかく〝怯《ひる》む〟ということのなかった私は、いつでも好奇心旺盛で、怖さよりもむしろ、未知の経験に対する興味が優《まさ》ってしまうタイプです。父が、危ないからオートバイに乗ってはいけません、と母に止められているように、アクティブでスリリングなことが好きだという部分において、私は間違いなく父に似ています。

スカイダイビングはともかく、海に潜《もぐ》るスキューバダイビングは、このところ忙しさにかまけて、めったに行けなくなってしまいました。

海はイマジネーションの宝庫です。特に沖縄の、宮古島の美しい海に惹かれる私は、これまでのダイビング経験から得たイメージで、着物をデザインしたこともあります。このように、すべての経験が〝山野愛子〟としての仕事に生かされているというのに、スカイダイビングで見られるはずの大空をイメージした着物をデザインできる日は、当分きそうにありません。

空の危険と言えば、私と父は、同じ飛行機で移動することがありません。万が一何かがあったときに、二人同時にいなくなってしまっては困るからです。これは社長と副社長を一緒の飛行機に乗せないなど、たくさんの会社で普通に行われていることです。大相撲でも、海外巡業の際、横綱が二人いれば、絶対に同じ飛行機には乗せないそうですね。

ともあれ、私が表向きのイメージよりはずっと大胆だということは間違いなさそうです。スピードも含めて、作業にあまり迷いがないところは、初代に似ているかもしれません。

三代続く〝NO〟と言えない江戸っ子気質

大胆さのほかに、初代・山野愛子、その息子である父、そして私に共通して言えることは何でしょう。ふと考えたときに、真っ先に浮かんだのが「頼まれたら断れない」ということでした。父はスケジュールや体調に相当の無理があっても、頼まれれば〝NO〟を言わない人ですし、なんとかやってのけてしまいます。祖母は、「前からの約束だったから」と、頼まれごとのために、入院中に点滴を外して出かけていったこともありました。

こんなふうに山野家は三代続けて、相手が喜んでくれるのなら、何でも引き受けてしまうたちです。祖母の時代は、〝技術は盗むもの〟であり、教えてもらう、教えてあげる、という意識はいまよりずっと低かったといいます。けれど祖母は、相手が喜ぶのなら、何の抵抗《ていこう》もなく技術を分かち合ったそうです。いいものを分かち合えば、お互いが切磋琢磨して、さらにいいものが生まれるという考え方で、教えた相手が喜ぶ顔もまた、祖母のエネルギー源になっていたことでしょう。

道具がないからこれができない、というふうには考えず、相手のニーズに合わせるためには形式にこだわらないのも、山野愛子流です。まだ祖母が存命だった頃、二人で海外に出張していたときのことです。ショーでモデルをしてくれた女性が、

「有名な先生とうかがっていますので、ぜひ山野先生に髪をカットしてほしい」

と突然言い出しました。このときは着物のショーで来ていたので、ヘアカットのための道具など持ってきていません。どうするのかしら、と思っていたら、

「ちょっとジェーンちゃん、フロント行って、ハサミ借りてきてちょうだい」

と言うのです。通常のハサミと、カットバサミは、まるで違うものです。ハラハラしながら見守る私を尻目に、祖母はホテルから借りた文房具のハサミで、がしがしとモデルさんの髪をすくように切り、結局仕上げてしまいました。

「ハサミがないからできないわ」などというセリフは絶対出てこないのです。そもそも、「できない」は、山野愛子の辞書には存在しないのです。

祖母は戦時中、〝編み込みヘア〟を思いつきました。これは、弾丸などを作るためにありとあらゆる金属を国に提供しなければならなかった頃、疎開《そかい》先で祖父がわらじを編んでいるのを

見て、「これならばピンがなくても髪の毛をまとめられる。女性たちが喜ぶのでは」と思ったところから生まれたスタイルだそうです。こういった祖母の創意工夫や精神は、私が美容家として生きるうえで大切な、たくさんのヒントをくれました。

私の友人が、パーティーに出席するためにまとめたアップセットヘアが崩れてつぶれてしまい、困っていたときのことです。手元には何もなく、ボリュームを出すためのすき毛を使いたいけれど、それもありません。友人はおろおろするばかりで、開場の時間が迫る中、私が応急措置に名乗りを上げました。背中を向けて頭を任せている友人には何も言わず、私はその場にあったティッシュペーパーを丸めて髪の間に押し込み、きれいなアップにし直したのです。

「あなたの髪、実は鼻紙でできているからね」と心の中でお詫びして、実際にどうやったかは友人には内緒にしておきました。もしその場で真実を知ってしまったら、せっかくきれいにおしゃれをしているのに、なんだかテンションが下がってしまうでしょう？　大喜びしてくれた彼女がその後、帰宅してヘアを崩そうとしたら、まるでティッシュケースから引き出すかのように、白いティッシュペーパーが何枚も出てきて、笑いが止まらなかったそうです。

こんなふうに必要なものがなくても、相手に喜んでもらうために、臨機応変《りんきおうへん》に対処してなんとか乗り切るという部分は、祖母から学んだことのひとつです。

困難に立ち向かうときほどスマイルを

「できない」と言えないのは、道具がないときだけに限りません。時間的な限界に挑戦したこともありました。桂由美《かつらゆみ》先生のブライダルショーをお手伝いしたときのことです。

「山野さん、一人のモデルさんを、この衣装から別の衣装へ、ヘアも含めて五分で変えることはできますか？」

そう聞かれたとき、私は瞬発的に、

「できます」

と言ってしまったのです。言ってしまった以上はやるしかないですし、「できない」のではなく、「できるように工夫する」までのこと。結局さんざん考えた末、いったん舞台袖に戻ったモデルさんに、テーブルのような高いところに立ってもらい、ヘアと衣装を上と下に分けて、別々の人間が担当するという形で、クイックチェンジを完成させました。

この「できるできない、ではなく、やるしかない」「できるように工夫する」という姿勢は、私が学生たちに強く伝えている部分でもあります。特に国家試験などを控えた学生たちは、精神的に追い込まれて、「もうできないかもしれない」と弱気になるものです。けれど、「もう無理」と思ってしまったら、どんなことでも、絶対に成し遂《と》げることはできません。私はチアリーダーになって、ポンポンを振るようなつもりで、

「ここまできたら、やるしかないんです！」

と、いつもよりずっと大きな声で伝え続けます。

一人ひとりが、私の大事な学生です。「絶対にできる。やるしかないんだ」という局面は、一生のうちそう何度も訪れるものではないでしょう。ひと言「できない」と言ってしまったら、そこで挑戦するチャンスはなくなってしまいますし、自分を試すよい機会というのは、二度と訪れないこともあるのです。そういった精神力が試されるとき、「できないかもしれない」という自分の弱気に打ち勝って、無理をしてでも微笑みを浮かべ、目の前の壁を乗り越えていってほしいと思います。

二〇一四（平成二十六）年に発表したジェーンズコレクションのテーマは『Smile（スマイル）』でした。私はショーが始まる前に行ったＭＣで、

「はい、ここにいる方は、みなさん笑顔でいましょうね！　笑顔のない方の、お帰りはあちらですよ～」

と言って、出口の方向を指さしました。それでみなさんがわっと笑ったところで、インターナショナル・ビューティ・フォーラムを締めくくるダンスショーがスタート。笑顔は笑顔を呼び、活力と気力が会場を包みました。

「道具がない」「時間がない」というときは、笑顔を忘れがちです。でも「自分はできる」と強く信じて行動を起こすとき、無理にでも笑顔を作れば、なぜだかより力が湧いてくるものです。〝NO〟と言えない山野家の血は、私のスマイルに、より一層磨《みが》きをかけてくれたのかもしれません。

誰かの笑顔がエネルギー源

自分自身が笑顔でいることを常に心掛けている私は、誰かを笑顔にすることも本当に大好きです。私がしたことでスマイルを見せてくれるのが、一番の活力源なのです。そんな〝笑顔好き〟の私ですが、友人に喜んでもらおうとして、こんな〝失敗〟をしたこともあります。

友人夫妻のご主人が手術をしたので、お見舞《みま》いにうかがったのです。

たいていの場合、お見舞いと言えば具合の悪い本人に会いに行くもので、付き添いの家族のことは忘れがちです。でも、精神的にも肉体的にも疲れているのは家族のほうも同じ。だからこそ私は、付き添っている人のお役に立つには何が必要かと一生懸命考えた末、おそらく奥様は、お腹がすいていても、食べる暇《ひま》もないだろうと思い至りました。大変なときにお見舞いにうかがうと、喜んでいただけても、同時に患者さんを疲れさせてしまうこともあるので、むしろ奥様の陣中見舞いに行こう、奥様に少しでも、ほっとしてもらおうと思ったのです。

千葉県にある病院への道すがら、彼女が喜んで食べてくれそうなものを買うことにしました。調理せずにすぐに食べられるほうがいいので、お弁当が最適です。デパ地下に寄っていざ病院へ。その頃私はショーを控えており、一年でももっとも忙しい時期なのを知っていた彼女は、突然訪れた私の姿を見て驚きのあまり、半べそのような笑顔で迎えてくれました。

「来てくれたの？　こんなに遠いのに……」

「大変だったわね。お腹すいてるでしょう？　お弁当持ってきたのよ」

案の定、彼女は朝から何も口にしておらず、お弁当と聞いて、とてもうれしそうな顔をしてくれました。喜んでもらえて本当によかった。私はその顔を見たくてやってきたのです。

私は持ってきた紙袋をごそごそ探り、お弁当をテーブルに広げ始めました。

「さあ、食べてね」

「わあっ！」

「これ、食べてね」

「え？」

「これも、これも、食べてね」

「ええっ？」

「あと、これも。それからこれがデザートね」

「………」

とにかく彼女に喜んでもらいたいと、そればかり考えていた私は、売り場にある商品がみんなおいしそうに見えてしまい、お弁当を五つも買っていたのです。ふたつ目を広げたあたりから彼女の目が真ん丸になり、最後は吹き出すのをこらえるような笑い顔に変わっていきました。

「ジェーン、本当にありがとう！　すごくうれしい！」

ぎゅっと私をハグしてくれた彼女。

「でも、こんなに無理！」

そうですよね……。

けれど、喜んでくれたからそれでいいのです。ちょっと大胆すぎたある日のできごとでした。

誰かのために何かをしたい。私をつき動かすこの気持ちは、今日も私のスケジュール帳を真っ黒に埋めていきます。相手の喜ぶ顔が思い浮かんだら最後、動かずにはいられません。

「いま、何ができるだろう」「このあいている時間に、お祝いに駆けつけられる」「これが届けられる」と思った瞬間に、車に飛び乗ることもしばしばです。そのたびに私の行方《ゆくえ》を捜《さが》し、スケジュール調整で頭を悩ませる秘書が、実のところは一番、感謝されるべき人なのです。

ご縁はつながっていく

世界にこれだけ多くの人間がいれば、一度すれ違ったきりの人のほうが断然多いでしょう。一方で、人間は思わぬところでつながったりもします。ちょっとした出会いが、お互いを助けたりもするのです。

アメリカ人は、見知らぬ者同士が平気でおしゃべりに花を咲かせます。たとえばスーパーマーケットのレジ担当の人と精算中に話したり、何かに並んでいる列で偶然居合わせた人と世間話をしたりするのです。広い土地を移動することが多いので、初対面の人に「私は安全な人間です」ということを証明するために、目が合ったら微笑んだり、おしゃべりをしたりする傾向があるとも言われています。まさに〝ご縁〟が広がりやすい土地柄なのです。

出会いのご縁ということで私の印象に強く残っているできごとは、桂由美先生のショーのパネリストとして、ニューヨークに行ったときのことです。本番の数日前から、リハーサルなどで何度か会場を訪れていたのですが、私はそのたびに舞台裏で道具を管理する男性と、日課のようにあいさつを交わしていました。

「ハイ！　私はジェーン。数日このへんをうろうろしてるわよ。ショーがあるの」

「そうなんだ。僕はジョーだよ」

そんな会話が一度交わされると、翌日は、

「ハイ、ジョー！　ご機嫌いかが？」

「やあ、ジェーン。僕は元気だよ。あなたは？」

となり、わずか十秒ほどのやりとりでも、とても距離が縮まったような気持ちになるのです。

そんな交流があって数日後、いよいよショー本番の日がきました。ところが、開演の直前になって、設置されていた看板の位置が悪いことに気がつき、動かさなければならなくなりました。しかし運悪く、それに気づいたのがランチタイムの真っ最中。休みを大事にするアメリカ人が、休憩中に働くなんてありえません。重い看板を前に、私たちは頭を抱えてしまいました。

そのときふと頭に浮かんだのが、ジョーでした。私はとっさに舞台裏に走って、ジョーに頼みました。

「ジョー、申し訳ないけど、看板を動かすのを手伝ってもらえないかしら」

「ノープロブレム！」

そう言うと、ジョーは持っていたトランシーバーで、仲間を呼び集めました。すると、屈強《くつきよう》な大道具担当の男性たちが瞬く間に集合して、あっという間に看板を移動してくれたのです。

ロサンゼルスの空港でも似たようなことがありました。学生たちを大勢引き連れてロサンゼルスに行くことがよくあるのですが、私は結婚後は、アメリカのパスポートを持っていますので、学生や引率の先生方よりもずっと早く荷物の受取場に到着します。彼らを待っている時間が長いので、私は回転台から、山野学苑の札のついたバッグ類を全部引き下ろして並べておくのです。その作業を、いつも見かけるポーターさんたちと一緒におしゃべりしながらやっているうちに、彼らとすっかり仲よしになってしまいました。

アメリカはサービスをお金で買う国でもありますし、チップも発生する国ですが、心付けの多い少ないではなく、心がつながると、サービスの内容も変わってくるものです。いまでは私が荷物を下ろそうとすると顔見知りの誰かがやってきて、積極的に手伝ってくれます。実は、こういった大荷物の移動をたくさんやるうちに、私はすっかり腰痛持ちになってしまったのですが、彼らが手伝ってくれるおかげで腰への負担も減って大助かり。

「明日の朝はうちの父が着くので、よろしくお願いしますね」

「任せて！」

という会話ももうお約束。父の顔も、ちゃんと覚えてくれているのです。

たった二言三言交わしただけの相手とでも、それがきっかけとなって関わりを持ち、助けられることもあります。実際、私はこんなふうに、世界のあちこちでふれ合った人たちに助けられてきました。それがいつ、どんなふうに訪れるかはわかりませんが、一期《いちご》一会《いちえ》の人との出会いを大切にしていきたいし、これから世界に羽ばたいていく私の学生たちにも、それを心に留めておいてほしいと思います。

つい先日は、飛行機で隣席になった方とおしゃべりに花を咲かせました。その人は、NASAに勤務している方で、とても興味深いお話をたくさんしてくださったのです。過去には、同じように偶然知り合ったお医者様に、父が心臓手術を受ける際の主治医を紹介していただいたりもしました。そんな経験をたくさんしてきた私は、いつでも、誰とでもおしゃべりを始めるものですから、横に座っているミアは、呆れ顔で忠告するのです。

「マミー、知らない人とお話ししたらいけないんでしょう？」

それは、あなたのこと。子供は知らない人と気軽に話したり、ついていったりしてはいけないんですよ。でもね、大人になれば、その小さな出会いが素敵につながっていくはずです。

着物は、日本の美意識の表れ

アメリカ人をはじめ外国人にとって着物、特に帯は苦痛なものです。着付けをするときも、相手が外国人の場合は、ずり落ちないことを前提としてかなりゆるめに締めたりもします。けれど私はその〝きゅっ〟とした帯の感覚に、日本の美意識を感じるのです。「ふんどしを締めなおす」という言葉があるように、あえてきゅっと帯を締めることによって、着物独特の〝凛《りん》とした〟雰囲気が生まれてくるのではないかと思うのです。

幼い頃から日本の伝統行事を経験させてくれた両親のおかげで、着物を着ることには慣れていたはずの私ですが、この世界に入りたての頃は、長時間履く慣れない草履《ぞうり》のせいで足が痛くなったり、帯のきつさに目を白黒させたことがありました。草履に関しては、自分が経験を重ねて慣れるよりも、なんとか早く楽な道を見つけようと考え、草履メーカーさんと協力して、エアクッション入り草履を考案しました。

この草履にしてもそうですが、以来、私自身が「痛い」「苦しい」「大変」と感じたものを改良した品を、どんどん考案してきました。着物に合う体形にするための補整を、あらかじめパッドを当て、ファスナーを上げるだけで着られるようにした『ニューランジェリー』や、帯の結びを簡単にした『ラブリータイズ』などもそうです。

『美着《びぎ》』も、初代・山野愛子がデザインし、私が改良を重ねた着物です。ひと言で言えば、「上下が分かれている着物」で、ツーピース感覚で楽しむことができます。普通に着れば着物ですが、中にタンクトップなどを着て、ジャケットとスカートという着方もできます。

実はこの『美着』こそが、幼かった私に、祖母が着せてくれたものでした。着物に慣れない私が苦しい思いをしないようにと、まずは『美着』から始めてくれたのです。それから徐々に本来の着物へとシフトしていったおかげで、私は着物に対する苦手意識を持たずに済みました。

しかし、こういった〝簡略化〟や〝進化〟をよしとしない風潮もあります。旧式のやり方を〝正統派〟とみなし、簡単にされたものを〝邪道〟と見る向きがあるのです。いろいろな考え方があっていいのですが、それゆえに、たとえば花嫁衣装を扱う教本を作る際は、着装教室の先生方の間でも個々の意見が大いに分かれて、なかなか作業が進まないこともあります。

私はどちらかと言うと、まずは着る人の〝楽〟が一番に優先されるべきと考えています。外から見ておかしくない限りは、ある程度の自由さがあっていいのではないでしょうか。

また、着物のアレンジについても、やってみたら意外と素敵に仕上がることもあるのです。

こんなことがありました。山野流の着装の先生が、渡米したときのことです。

「ジャパンのキモノを着てみたい」という方がいらしたのですが、頭には真っ赤なベースボールキャップ、足元はスニーカー。あくまでもデモンストレーションなので、長襦袢《ながじゅばん》から着せるということもできず、帽子を取る様子もありません。けれど、その先生は動じませんでした。

「きれいな色のキャップね。ちょうど真っ赤な帯があるから、これを使いましょう」

そう言うと、帽子とスニーカー姿の彼女に、薄い色合いの着物を着せて、真っ赤な帯を締めたのです。

でき上がった女性の姿は、なんとも素敵でした。帽子と帯の赤が差し色になってアクティブな雰囲気を作り出し、あえて短く着せた着物が、不思議なくらいスニーカーとマッチしているのです。その先生から報告を受け、写真を見せてもらった私は、真っ白な歯を見せて満面の笑みを浮かべる女性の姿にうれしくてたまらなくなりました。

また、二〇一四（平成二十六）年にパリへ研修旅行に行った際は、男子学生たちの荷物を少しでも軽くしようと考え、ワイシャツにネクタイを締めたうえに、羽織袴《はおりはかま》を着ることを提案してみました。着物を二枚持って大荷物に悩むより、そんな新しい着方があってもいいと思ったのです。

ワイシャツ、ネクタイ、羽織袴の男子学生たちは、果たしてとっても素敵でした！　ネクタイのおかげで襟元《えりもと》に凜々《りり》しさが加わって、本人たちも大喜びです。

伝統を守って昔ながらの和装にこだわれば、こんな着方は許されないでしょう。けれど、こういった着付けを喜び、楽しんでくれる人がいてこそ、着物文化が世界に広まっていくような気がしています。たとえば亡くなった方に着せるときの〝左前〟で着るなど、いちじるしく常識外れにならない限りは、いいのではないでしょうか。

私が恐れているのは、着物文化がすたれてしまうことなのです。たとえ、昔ながらの着付けを支持する方々が眉をひそめるような和装でも、着物文化自体がなくなるよりはずっといい。それほど、着物というものは、日本人の美意識と深くつながっていると思います。

現在では、やや敷居《しきい》が高くなってしまった和装ですが、間口を広くし、入りやすくしておけば、興味を持つ方も増えるでしょうし、人は本当に興味を持ったとき、より本物を求め、その道を追究したいと考えるはずです。ですから私の役割は、着物を広め、しかし、必ず還《かえ》ってきてくれるであろう基本中の基本、そして伝統を崩さず守り続けることだと思っています。

これだけは理解できない日本の風習

私は日本に来た当時、なぜ日本人は、相手の肩書やお金のあるなしによって、声色やお辞儀《じぎ》の仕方を変えるんだろうと、大変ショックを受けました。それまでも日米間の、たくさんの〝文化の違い〟〝風習の違い〟に戸惑《とまど》いましたが、この〝相手を見て態度を変える〟ということが、私にとってはもっとも受け入れがたい日本人の姿でした。もちろん、すべての人がそうではありませんし、上下関係を重んじる民族だからこそという部分もあると思いますが、フランクなアメリカで育った私には、いまだになじめない慣習でもあります。

たとえばアメリカ人は、上司であろうが部下であろうが、ファーストネームで呼び合うのがごく普通のことで、意見があれば、下の者が上の人間に気軽に言いに行きます。対して日本人は、上司に対してあまり反論などはしませんし、当然のように名字＋肩書で呼びかけますね。もちろん、使う言葉も敬語です。

ところが、会社では上司に対して低姿勢で応対していた人が、レストランに入るなり、いきなりウエイトレスさんに、

「おい！　水！」

などと強気に出ることがあります。そういう変貌《へんぼう》に、私は驚いてしまうのです。

なぜ「Please（お願いします）」というひと言を添えないのでしょう。自分はお客様だから、ウエイトレスより偉いのだと言いたいのでしょうか。たったひと言の「お願いします」が言えないために、相手を不快にさせるばかりでなく、自分自身も損をしている人はたくさんいるような気がしてなりません。

「おい！」で思い出すのは、祖父母のストーリーです。祖父の治一は、祖母のことをいつでも「おい！」と呼びつけて、海外に行っても同じように振る舞っていたので、まわりの方々は祖母の名前を「オイ」だと思っていたらしいのです。「ミセス・オイ」と呼ばれていたなんて、いかにも日本の夫婦という感じがします。

日本はアメリカと違って、男尊女卑《だんそんじょひ》の考え方が強く、現在でも地域によっては、女性の洗濯物は男性のものより下に干すなどという風習もあると聞きます。私の周囲でこういった〝男性を上に〟という状況は見かけませんでしたが、一度だけびっくりしたことがありました。

何かの仕事の集まりで、長いテーブルについていたときのことです。女性がずらりと片側に並び、その向かい側に男性がずらりと並ぶ、という対面式の配置でした。

そのうち飲み物が運ばれてきたのですが、なぜだか私たち女性の間に、一本ずつビールを置いていくのです。

「すみませーん、私、ビールじゃないんです」

ウエイトレスさんにそう言ったのですが、次に持ってくる人も、やっぱり私の近くにビールを置いていきます。

「ビールじゃないです。私、ウーロン茶です」

何回かそんなやりとりがあって、ウエイトレスさんがいなくなったとき、向かいに座っていた男性が笑いました。

「ジェーン先生、それはね、女性の間にビールを置いていくから、あなた方女性が私たち男性に注《つ》いであげてください、ってことですよ」

なんということでしょう。飲食店において、女性が男性にお酌《しゃく》するのが当然という〝常識〟に、本当に驚いてしまいました。欧米では注ぎ合うという風習がなく、基本的に飲み物は手酌ですし、もしお客様のグラスにワインなどを注ぐとしても、ホストである男性がその役割をすることが多いのです。当然、私はビールを注いだりはしませんでした。

こういう体験をふまえて私は、前述したように、ことあるごとに、まわりの男性たちに、「奥様を大事にして、女性を大事にして、言葉をかけて、いたわってくださいね」とお願いしています。決して女性がちやほやされるべき、とは思いませんが、「おい！」のひと言で女性が振り回され、お酌をしなければならないような風習にはなじめません。

あと、もうひとつなじめないのがバレンタインデー。そもそもバレンタインデーは、男性が、愛する女性にプレゼントを渡す日です。それが日本に来たら、立場が逆になっていてびっくりしました。それとも、自ら愛を告白する勇気がないという日本女性が、イベントの力を借りて背中を押してもらう日として、あえてバレンタインを〝女性から男性へ〟バージョンにしたのでしょうか。

我が家のバレンタインでは、もちろんスタンから私にギフトが贈られます。私もスタンにギフトを用意します。結婚記念日も、お互いにギフトを贈り合います。このあたりのアメリカ式は、絶対に譲れないものなのです。

どんな相手とでも変わらぬ自分でいること

相手を尊重すべきという私の考え方は、アメリカという国の影響以上に、母方の祖父、木村のパパの教えが強いと思います。木村は母の旧姓で、私は祖父のことを「パパ」、祖母のことを「マム」と呼んで育ちました。祖父は人格者であり、穏やかで、誰にとっても最高の相談相手だったのです。

その木村のパパがいつも言っていた言葉のひとつが、

「トリートされたいように、トリートしなさい」

「トリート」とは「扱う」という意味。つまり、「自分が扱われたいように、相手を扱いなさい」ということです。

自分が優しさを求めるならば相手に対して優しく、平等を求めるならば、まずは自分自身が誰に対しても平等でなくてはなりません。

「有名か無名か、お金を持っているかどうか、権威があるかないか、そんなことは人間の価値に何も関係ないんだよ」

と、パパは幼い頃から教えてくれました。

もともと平和主義だったパパが、さらにその考えを強くしたのには、戦時中の経験もあったと思います。アメリカで生まれ育ったにもかかわらず、パパは日系二世というだけで〝アメリカの敵〟として、第二次世界大戦中、カリフォルニア州の日系人収容所に入れられ、自由を奪われました。当時私の母はまだ幼く、その様子は覚えていないということですが、パパにとっては、「自分はアメリカ人なのに、日本人の血ゆえに収容所に入れられた。けれど、日本人の血は、自分にとってルーツであるから否定したくない」という複雑な思いだったに違いありません。

人種の違い、考え方の違い、言葉の違い、そして、お金、立場、有名無名……この世の中は〝違い〟で満ちています。それを理由に、態度を変えられたり、差別されることのむなしさを、パパは誰よりも強く感じていたことでしょう。

厳格な上下関係があり、徒弟制の厳しいヤマノグループに入ったとき、私が「この風習を変えていこう」と思ったのも、パパが「トリートされたいように、トリートしなさい」といつも教えてくれていたからです。これは、教職員に置き換えれば、「もし自分が学生だったら、こんなふうに教わりたい、と思えるような教え方をしなさい」ということです。

それは、ほんの些細な〝言葉選び〟でもいいのです。ウエイトレスさんにオーダーするときにひと言「お願いします」とつけ加えるように、ほんの少し相手を思う気持ちを言葉にするだけで、印象は驚くほど変わります。

たとえば私は、国家試験を目前にしたクラスを見て回るとき、各クラスの学生たちの表情を見て、

「ここまできたら、やるしかない！　諦めないで！」

と言うときもあれば、

「大丈夫、ここまでやってきたんだから、油断しなければいけるわよ」

と言うときもあります。そのときどき、その人その人によってかけてほしい言葉が違うと思うからです。

そして、そういう考えでふれ合っていたほうが、学生からも自然に人間として信頼してもらえるような気がするのです。

間違えてもいい

いまでこそ、多少のニュアンスを使い分けての会話ができるようになりましたが、専門学校生時代の私が日本語で話をせず、どちらかというと貝のように口を閉ざしていたのには、理由がありました。常日頃から父に、

「日本のお客様の前では日本語で話すか、さもなくば黙っておきなさい。たとえティナとの会話でも、人様の前で英語で話し続けていたら、それが理解できない方にとっては失礼に当たるんだから」

と言われていたのです。二代目として公の場に登場しなくてはならないときや、祖父母の代からお世話になっている大切な方々との交流の場で、「いったいこの姉妹は何を話しているのかしら」と、相手を不安にさせるようなことはせず、たとえ少々間違っていたとしても、一生懸命日本語を話しているほうが、礼儀にかなうし、失礼には当たらない、という父の配慮でし

た。とはいえ、いくら必死さが伝わるといっても、やはり日本語で話すことには躊躇《ちゅうちょ》があり、おのずと黙り込んで笑顔で過ごすことが多くなったわけです。

いまでこそバイリンガルは当たり前の時代ですが、当時は二か国語を話す、勉強する、ということが、決して一般的ではありませんでした。ですから私は、日本語を積極的に学ぶというより、むしろ、失礼なことをしないように心掛けるほうに神経を遣っていたかもしれません。

言葉の面で失礼にならないために一番気をつけていたのは、とにかく語尾を丁寧《ていねい》にすること。どんなことを言っても、「です」「ます」をつけることで、丁寧に、柔らかく聞こえます。相手によっては、「ジェーンさんはふだんのカジュアルな会話にしても妙に丁寧すぎて、なんだか距離を感じる」と思ったかもしれませんね。

けれど、丁寧に接していれば、必ず誰かが助けてくれるものです。外国語を学ぶとき、どうしてもスラングや汚い言葉が格好よく思えて、そちらばかり使おうとしがちですが、つたなくても、間違えても、〝丁寧に話す〟という心掛けを忘れずにいることが、外国語でコミュニケーションをとる第一歩のような気がします。

ところで、日本語に関しては守りの態勢に入っていた私も、やはりどんどん話さなければ成長がないことにあるとき気がつきました。

当時は学校でもスピーチをする立場だというのに、「KYOU NO KONO YOKI HI NI（今日の、このよき日に）」というような感じで、ローマ字書きしたメモを読み上げていたような状況です。読むほうもつらいものがありましたが、聞くほうもさぞ息苦しかったことでしょう。かといって、無意識のうちに失礼なことを言っていたり、誤解されたりするのもつらいのです。もどかしさと、自分の至らなさで切ない思いをしていたある日、美容業界の会合の席でまわりの先生方が言ってくださったのです。

「ジェーン先生、間違えても、つっかえてもいいんですよ。先生の気持ちはちゃんと伝わります。間違えてもいいから、ご自分の言葉で話してください」

この言葉に、どれだけ勇気づけられたでしょう。間違えることを恐れ、日本語を話すことがときには苦痛だった私も、その励ましに背中を押されて、以来積極的に日本語を話し、それを楽しむようになりました。

英語で苦労した父は、私がどんどん人前で日本語を話し始める姿を、笑顔で応援してくれました。おそらく誰よりも、私が心の中で感じていた恥ずかしさ、もどかしさを理解してくれていたはずです。けれど、丁寧な言葉遣いをしていたら、よほどびっくりするような間違いをしない限り、単語や言い回し、発音や文法が相当おかしなことになっていても、一度として注意を受けたことはありませんでした。

スピーチをしている私に、「もっと大きな声で！」とジェスチャーで指示を送り、「はい、最後は英語で締めて～」と楽しそうにサインを出す父。補助輪のない自転車に乗る訓練を始めた子供が、後ろで支える父親を頼りにしながらペダルを踏むように、父のまなざしを頼りにしながら日本語の社会に漕ぎ出した私は、いつしか自分の力で走れるようになっていました。

大勢の学生さんを連れて海外の飛行機に乗るときなどは、機内のほとんどが山野学苑の関係者、ということもあります。

「英語しか話せないから、大事なところは日本語で機内アナウンスをお願いするわ」

そうキャビンアテンダントさんから言われたときは、

「みなさま、お荷物は頭上の棚の上か、お足下にお入れください」

と、ノリノリでマイクを握りました。その機内放送を聞き、「ジェーン先生の声に似てるなあ」と、学生たちは思ったかもしれませんね。できれば、

「本日は、本航空会社をお選びいただきありがとうございます。みなさまよい旅を」

と言ってみたかったけれど、言えなかったのが、いまでも残念です。

第7章

『美道』とは

初代・山野愛子が残した『美道』

最後は、『美道』についてお話ししましょう。

前の章でも触れましたが、『美道』とは祖母である初代・山野愛子が作ったヤマノグループの理念で、「髪・顔・装い・精神美・健康美」の五つで成り立っています。私たちは山野愛子の精神を受け継ぐ者として、また美容に携《たずさ》わる者として、人間の美しさを構成するこの五つの要素を大切にしなければならないと、常日頃から思っています。

祖母が『美道』を自らの理念とするようになったきっかけは、ショーをしながら世界を回っているうちに「美とはメイクアップやヘアスタイルばかりではない。心理学を知らなければ、本当の美を作り出せない」と説いたフランスの美容関係者の言葉に胸打たれ、心理学の重要性に気づいたからだそうです。いくらきれいに髪をセットしてお化粧を施したとしても、その人が幸せでなければ意味がない。だから美容家は、お客様が前向きに明るくなれるよう、よき相談相手になれるような能力を持っていなければなりません。けれど最終的に本当の美を作るには、その人自身が美しくなりたいと心から望むことが一番大切である、としています。そのために美容家は、単に外見を整えてあげるだけでなく「美しくなりたい」というお客様の気持ちをいかに引き出していくかが重要になります。そこで心理学が必要になってくるのです。

また、たとえ一人の美容師が美しく髪を仕上げても、着付けをする人間がその髪に触れてしまえば崩れるでしょうし、せっかく化粧を完璧に仕上げても、ヘアを担当する人がそのお化粧をダメにしてしまう可能性だってあるわけです。

かつて、髪は髪を担当する人間が、そして、化粧は化粧、着付けは着付けと、日本の美容文化は細分化されていました。しかし、そのままでは、トータルとしての美が生まれずに、バラバラな仕上がりになってしまう、というのも祖母が懸念していたことでした。

しかし、一人の人間がすべてを担当すれば、個々の思いや作業過程によってぶれることのない、美しい仕上がりが望めます。

「髪」「顔」「装い」。そこに、人間の生き生きとした活力には欠かせない「健康美」を生むためのお手伝いをし、さらに〝心〟のありよう、「精神美」という内面の美しさを引き出すための、よき相談役であれ――そうなって初めて、初代・山野愛子が唱えた、総合的な美しさの理念である『美道』が見えてくるわけです。

『美道』とはまた、本人が、「いかに自分らしく輝いて生きるか」「どう幸せに生きるか」という人生の美学でもあります。私たちはお客様がそんなふうに思ってくださるように、お手伝いをする役目を担っているのです。

しかし、これら五つの要素はいわば、私たち美容家が目指す〝理想の山の頂〟にほかなりません。追究すればするほど奥深い『美道』を追うことが、私たちの日々の仕事でもあるのです。

美を表す五つの要素

私は最近、高等学校などで、『美道』について講演をさせていただく機会が増えておりますが、そんなときは、なるべく具体例を挙げて美の〝五つの要素〟を説明するようにしています。五つ揃ってこその〝トータル・ビューティ〟という論理は、どんな方にとっても身近で具体的なものでなければ、ピンと来ませんし、単なる精神論で終わってしまうでしょう。ですから私は、こんなふうに説明するのです。

たとえば「髪」。年齢を重ねれば当然出てくるものなので仕方のないことなのですが、やはり白髪は老けて見られてしまいます。私自身もヘアカラーは欠かしませんし、白髪の目立つ夫にも「染めたほうがいいのに」と言い続けています。ロマンスグレーという言葉もありますし、彼にはとても似合っているのですが、やっぱり若々しくいてほしいという思いもあるのです。

とはいえ、自分がそのヘアスタイルを美しいと思うか、満足しているか、ということがもっとも大切なことです。白髪を美しいと感じて、そのヘアをよしとするのであれば、無理に染める必要はありません。極端なことを言えば、つるつる頭もまたよし！　なのです。

男性には、薄毛を気にするより、剃《そ》ってしまうほうがいいとおっしゃる方も珍しくありません。さっぱりと剃り上げた頭は潔く、美しいものです。大切なのは、自分らしさを表現できているかどうか。また、自分がそれを心から美しいと思えるかということなのです。

続いて、「顔」。日々日焼け止めを塗る、洗顔をしっかりするなど、肌のケアは最低限のルールです。しわのあるなしではなく、手入れをしているかどうかは、年齢を問わず表に現れます。そのうえでお化粧をするかどうかは、本人次第です。

ヘアと同じように、お化粧をしなければ人前に出られないとおっしゃる方もいますね。特に年齢を重ねると素顔で人前に出るのが怖くなります。しかし、あえてお化粧はしない、素のままがいいと心から思えるのであれば、その人にとっては、素顔が一番美しいのです。

何より大切なのは、素敵な笑顔を持っているかどうか。顔が美しいかどうかの定義は、目鼻立ちのつくりや化粧の有無ではなく、内面の輝きを表す笑顔に尽きるのです。

「装い」に関しては、ＴＰＯを大切にすること、まずはこれが何よりも大切です。その場に適した服装こそが美しさの第一歩であり、どれだけ見た目がきれいでも、場から浮いてしまったり、まわりの人に違和感や不快感を与える服装は美しいとは言えません。

アメリカでは、どんな場所にも〝ドレスコード〟というものがあります。たとえばハワイでは、破れたジーパンにTシャツで結婚式に出られたとしても、それがそのままニューヨークで通用するとは限りません。レストランでも、その格や雰囲気によって〝ビジネスカジュアル〟〝ネクタイ着用〟〝ジャケット着用〟など、細かな決まりがあることも多いのです。女性もジーンズの足下にハイヒールを合わせ、エレガントなトップスを着ていたら大丈夫な場合もあるし、最初からジーパンはお断りの店もあります。アメリカにおいてドレスコードは、常に頭の中に留め置かなければいけない公共のルールなのです。

一方で日本では、丁寧できちんとした服装をしすぎて、失礼になることはほとんどありません。たとえその場で浮いたとしても、嫌悪感にはつながらないでしょう。たとえばまわりが全員Tシャツなのに、自分だけスーツ姿なら多少目立ってしまいますが、それだけのこと。逆にまわりが全員スーツなのに、自分だけTシャツ姿という失礼をするよりはずっといいのです。

私は〝美しい装い〟を意識するときは、なるべく着物を着るように心掛けています。東京オリンピック開催が決まったいま、日本が誇る文化である着物を身に着けていれば、世界中からやってきたお客様の中に、着物に興味を持ってくれる人が出てくるかもしれません。また、着物は結婚式など晴れの場にも着て行けますし、そのままハンバーガーショップに行ったとしても、誰に叱られることもないでしょう。食べこぼしにさえ気をつければいいのです。

髪や顔と同じく、装いもまた、本人が自分の着ているものに自信を持ち、美しいと心から思えることが大切です。同じネクタイをするのでも、自分の好きな色、ハッピーな気持ちになれる色のものを選ぶなどして、TPOの範疇で大いに楽しんでもらいたいものです。

そして、これまでにも出てきた「精神美」と「健康美」ですね。「健康美」については至って当たり前のことで、どんなに外見を作っても、病気になってしまってはその美しさが半減してしまいます。私も日々スケジュールに追われておりますが、だからこそ、体調管理にはことに気をつけています。食事や運動のバランスを考えることはもちろん、持病の腰痛対策として定期的にボディ・メンテナンスを受けたり、ウイルスが蔓延《まんえん》しやすい冬期には湿度に気を遣ったりすることで、健康と美容の両方に効果があると思っています。

最後は「精神美」。順番は逆になりますが、これこそが、私がもっとも大切に思うものです。先に挙げた四つの要素、そのすべてがパーフェクトだからといって美しさが醸し出されるかというと、それだけではいけません。

「ジェーンさんにとって、美を追究するうえでもっとも大切なことは何でしょう?」

と問われたとき、私は必ず、

「精神美です」

と答えます。『美道』の中でも、美しさの本質はこれに尽きると思うのです。どれだけ外見が美しくても、人間の心根《こころね》は、表に透《す》けて見えるものです。精神の健康、精神の美しさこそが、私たち人間の美を象徴するもっとも大切なファクトであると、私は常々思っています。

美は、心です。気持ちが前向きであること。まずはここから始めましょう。

たとえば、何かを間違えることを恐れるのではなく、間違えても、そこから何かを学べばいいのです。要は、同じできごとを、マイナスと取るか、プラスに考えるか、その考え方ひとつで、人間の心の持ちようは変わります。前向きに物事を考えられる人の瞳は生き生きと輝き、内面のハリが表に現れます。一方で、心の内にマイナスの思考を抱えている人は、外見がどれだけ美しくても、どんよりとした曇《くも》りが表に出てしまうものです。

私たち美容家は、人を美しくするための努力を惜《お》しみません。しかし、完璧に着物を着付けてお化粧を施し、髪をセットしても、ご本人の心の内まではお化粧することができません。

真の美しさは、その人の心の中にあるのです。その心のあり方、『美道』の精神を継承し、広めていくことが、山野愛子という名を持つ私の使命でもあるのです。

ヤングアメリカンズに学ぶ　ポジティブ・シンキング

気持ちを「アゲる」という言葉が近年流行っているようですね。頑張った自分へのご褒美《ほうび》に、おいしいものを食べたり、好きな洋服を買ったりして「アゲる」のだそうです。けれど、どれだけ楽しく素敵なものに囲まれていても、心の奥底がネガティブであれば、決して気持ちをアゲることはできないと思いませんか？「ものは考えよう」とはよく言ったもので、物事をどのように受け止めるかによって、その人の内面の輝きが驚くほどに変わります。こういった〝ポジティブ・シンキング〟も、「精神美」に関わる大きな要素です。

ありがたいことに、私のまわりにはそのように内面から輝いて活躍されている方が大勢いらっしゃいます。中でも、山野学苑が長年にわたって支援している、ヤングアメリカンズのメンバーたちの前向きなものの考え方や行動には、学ぶべきものがたくさんあります。

ヤングアメリカンズは、一九六二（昭和三十七）年に音楽を通じて社会貢献する非営利団体としてアメリカで設立されました。十七〜二十五歳の若者が三百人ほど在籍しており、これまでに世界各地でワークショップや公演を行い、子供たちの情操教育《じょうそうきょういく》の一端を担っています。世界で六十万人近くがすでにこのワークショップを受講し、山野美容芸術短大へもおいでいただきました。山野学苑以外にも、多くの日本の企業や団体が、彼らのサポートをしています。

彼らのエネルギーは、二百パーセントフルスロットルと言っても過言ではありません。特に日本では、エネルギーを最大限に出さなければならない理由があるようです。

山野学苑にも世界中からたくさんの留学生が来ていますが、たとえ言葉が通じなくとも、彼らの表情の豊かさ、拍手をするときの心の込め方や誰かを応援するときのアクションの大きさは、まわりを巻き込むエネルギーを持っています。そういった学生たちの母国において百パーセントのショーを行えば、観客が後押しをして百二十パーセントにも盛り上がるでしょう。けれど、感情をあまり大きく表に出さない日本人は、楽しいショーを観ても拍手がまばらだったり、ノリが悪かったりして、出演者も〝盛り上げる〟のに苦労することがあるようです。

そんな〝お国柄〟を知っているのか、ヤングアメリカンズは、日本では二百パーセントのパフォーマンスを見せてくれます。それに乗せられて、やっと日本の観客は、百パーセントの盛り上がりを見せるわけです。もし彼らが百しか見せなかったら、日本人の観客の満足度は五十で終わってしまうでしょう。これは私たちの仕事にも通じるもので、お客様のために百しか行わなければ、伝わったり、受け取ってくださるのは、五十に満たないかもしれません。

このように、相手を最大限に楽しませようとするエネルギーを持ったヤングアメリカンズのメンバーは、何事においてもとてもポジティブです。以前はアメリカ公演で車移動中、雪のために道路が混《こ》んで、十時間近く車内にカンヅメにされたことがあったそうです。

そのときにみなが言い合ったセリフが、「ああ、これが単なる渋滞《じゅうたい》で、事故じゃなくてよかったね！」だったとか。

「なんでこんな思いをしなければならないんだ」などと不満を口にするのはたやすいことです。けれど、不満を口にすればするほど心はすさみ、美とはかけ離れていくことでしょう。「事故じゃなくてよかった！」と、他者を思いやり、明るい側面から物事をとらえることで、彼らは常にポジティブなパワーをキープし続け、その輝きをほかの人にも分け与えてくれるのです。

そういえば私の祖母は、祖父の治一が怪我で片方の目を失明したとき、

「ああ、片っぽだけでよかった！」

と言って、祖父を呆れさせたそうです。孫から見ても、少々極端な例かとは思いますが、このあたりの前向きさ、物事のとらえ方は、大いに見習うべき部分と思っています。

気配り、心配りが日本の美

また、「精神美」は、相手を思い察する気持ちにもあると思います。もし、お客様が曇った気持ちでいらっしゃったとすれば、少しでも晴れやかな気分になってお帰りいただくことが、私たち美容に携わる者の務めです。単にお客様をお迎えして、シャンプー、ヘアカラー、カットを施して、「はい、さようなら」では、近い将来、機械だってやってのけるでしょう。

祖母の著書『愛チャンはいつも本日誕生』にもありましたが、美容師を育てる人の中には、「お客様に、ありがとうございました、と頭を下げずともよい。ありがとうございました、と頭を下げてもらえる先生になれ」と、学生に教える方もいらっしゃるそうです。カリスマ美容師などと呼ばれ、予約を取るのも難しい大先生ともなれば、お客様のほうが頭を下げるだろう。それくらいすごい美容師になれ、という励ましの意味もあるのでしょうが……。

私たちは技術者ですが、同時に、お客様のニーズにお応えするため、どんなことに対しても気配り、心配りをして、満足してお帰りいただくのが仕事です。これだけ多くの美容サロンがひしめく中で、選んでくださったことに感謝し、お客様に「選んでよかった」と心から思っていただきたいという気持ちは、美容師たるもの、いつも根底に持っていなくてはいけません。

山野学苑からは、美容界で右に出る者がいないほどの技術を持った先生方がたくさん卒業されています。どの方も、驕《おご》ることなく日々精進《しょうじん》されており、しかも、腰が低く、相手を慮《おもんぱか》る気持ちをいつでも忘れません。お客様が「ありがとうございました」と言ってくだされば、その先生方は、きっとさらに低く、頭を下げることでしょう。

同じように、かつて初代・山野愛子は、来店してくださったお客様の背中に向かって、感謝の気持ちで手を合わせたといいます。また、サービスを提供する側である美容師が、お客様よりきれいであってはならないとも考え、自分の着付けを崩したり、生まれつきの白い肌を隠すため、わざわざ顔を黒く汚したこともあったそうです。そこまでの気配りが技術力と合わさっていたからこそ、お客様は幸せな気持ちになってくださったのかもしれません。

もっとも、現在は「きれいで憧れられる」美容師でなければ、お客様も来てくださらないのかもしれませんが、「お客様を一番に考える」という信念は一緒なのです。

想像力が人をより幸せにする

同時に、誰かに最高のものを提供しようとするときは、その人を〝読む〟ことが必要だと思います。気配り、心配りと同様に、「相手が何を求めているか」を察することが大事なのです。日本には「行間を読む」という言葉もあり、口に出さずとも相手の言いたいことを心で感じるという文化があります。欧米では、ストレートに口に出して初めて伝わることが多いのですが、相手を読む、察する気持ちは、日本人が持つ素晴らしい精神美であると思います。

相手を大切と思えば、〝察する〟ことは子供にもできます。

たとえば私が家で疲れ果て、落ち込んでいたとき、娘のミアがそっと寄ってきて、

「Do you need a hug?（ぎゅって抱きしめてほしい？）」

と聞いてきたことがありました。何も言わずとも、雰囲気だけで私が何を求めているか察してくれたのは、つまり私の心の疲れを、私の立場になって、想像してくれていたということ。

娘の温かな抱擁《ほうよう》以上に効果的な回復薬はありません。まして、何も言わずとも思いやってもらえたときの喜びは、自分から「ねえ、私のこと、いたわってよ〜」などと要求したときとは、比べようがありません。

日本人は、意思をはっきりと伝えない民族です。前述してきたように、感謝やポジティブな感情は、ぜひとも表に出してほしいと思うことが多いのですが、ことネガティブな感情、反論や不満などは、相手に伝えないようにする向きがあります。欧米人からすれば、もどかしくもありますが、この国においてそういった言動は、奥ゆかしく、遠慮深いという美につながります。だからこそ、日本で美容ビジネスをさせていただくからには、相手を読み、相手の思いを察することが、ときにはカットやメイクの技術以上に大切になってくるのです。

たとえば、こんなことがありました。とある会場で、年配の女性にメイクを施していたのは、若い男子学生でした。女性に塗られたのは、真っ赤なルージュです。

おそらく彼女は、ふだんそこまで派手な赤い色をつけることはないだろうと、私はそっと遠くから観察していました。なじみのない色やファッションに身を包んだとき、人間は動きも表情も、どこかぎこちなくなるものです。案の定、男子学生が、

「仕上がり、いかがでしょうか？」

と聞いたとき、女性は静かに、

「……ええ……ああ……ありがとうございます」

とつぶやきました。メイクを終えたほとんどの女性は、たいていうれしそうな笑顔になるものです。けれど、彼女の表情は、どこか沈んでいて、複雑な心境が伝わってきました。

これがアメリカ人なら、

「うーん、少し赤すぎるわね！」

「もう少しパステル調にして。あんまり唇だけ目立たせないで」

など、自分の好みをはっきりと口にすることでしょう。けれどその女性は、おそらく「なんだか派手で、困ったわ」「でも、一生懸命やってくれたから、いまさら直してなんて言えない」と思っていたに違いありません。自分の意思より相手の努力を尊重した、日本人らしい思いやりでしたし、その思いやりに気づくには、施術した学生は若すぎました。

しかしこれがお仕事で、彼女がお客様である以上、思いやるべきは施術者であって、彼女に我慢をさせてはならないのです。

私は会場を回りながら、さりげなく彼女に近づきました。

「メイク、いかがですか？　口紅が少し濃いかしら？　やり直しましょうか？」

そう言われて初めて、女性は、

「はい、お願いします……」

と控えめにおっしゃったのです。

私はパレットを取り出し、彼女の年齢や雰囲気、肌の色に合うよう、口紅の色合いを柔らかにして、優しい印象を引き出すことにしました。そして鏡を見た彼女がふわりと笑顔になって初めて、ほっと幸せな気持ちになれたのでした。

ホテル業界で働いている友人たちは、お客様に飲み物をお出しする際、「冷たいお茶か、温かいお茶か」をとても考えるそうです。彼、彼女たちは、季節、時間帯、服装、雰囲気、年齢、そういったさまざまな要素を考慮したうえで、「このお客様はいったい、冷たいお茶をご所望《しょもう》か、それとも温かいほうがいいのか」ということを、希望をうかがう前に察しようと努めているのです。そして、お客様が喜んでくださったら、サービス業に携わるものとして、これ以上うれしいことはないでしょう。

それが、気配り、心配りであり、相手を第一に考えるべき、美容家の「精神美」ともつながっていくのです。

精神美をもっとも表現する『スマイル』

「髪・顔・装い・精神美・健康美」は、ヤマノグループの企業理念であり、長年山野学苑で働いている人などは、「髪、顔、装い……」と寝言でも言ってしまうほど、日々提唱し、仕事のうえで、心の根底にしっかりと留め置いているものです。中でも私が「精神美」をもっとも大切なものであると考えたとき、そこに浮かび上がる具体的なイメージは、『スマイル』でした。苦しいときに私を救ってくれた、言葉がわりのスマイル。誰かに投げかければ、相手が幸せになるスマイル。自分の気持ちを盛り上げるためのスマイル。精神を浄化《じょうか》し、高揚《こうよう》させる一番の方法は、『スマイル』です。

漫画家さんの中には、笑顔のキャラクターを描く際には、自然と自分も笑顔になっているという方もいるそうです。そうでなければ、笑顔が描けないと。いかに心と身体が連動しているかという一例だと、興味深く思ったことがあります。

先にも書きましたが、おかげさまで講演などの依頼をいただき、美容とは関わりのないみなさまの前でもお話しする機会が多くあります。そんなとき、私が常にテーマにしているのが、『美道』とともにこの『スマイル』なのです。山野愛子の『美道』、その「精神美」を多くの方によりご理解いただくためのツールとして、私はスマイルの重要性を伝えていくつもりです。そして、このスマイルには、人生において必要な、五つのキーワードが含まれています。

SMILEの〝S〟は「Smart Decisions」つまり「よい決断」です。人は毎日必ず、何らかの決断をしながら生きています。それは「明日は何時に起きようか」という些細なものから、人生を方向付ける決断までさまざまなものがありますが、どんなときにも笑顔で決断をくだせれば、人生に迷いはありません。ただし、一度しかない人生の大きな決断をするときに、助言してくれる人、背中を押してくれる人の存在は欠かせません。笑顔を武器に、信頼できるブレーンや友人を増やしていくこともまた、「よい決断」につながっていくのではないでしょうか。

続いて〝M〟は、「Manners」、日本語でも同じ「マナー」です。マナーは、単に正式なお食事の席でのフォークやナイフの使い方ばかりを指すものではありません。相手に対する態度や言葉遣い、あいさつは心の交流をも生み出します。私たちが社会の中で、お互い快適に暮らしていくために大切なもの——それが「マナー」です。素敵な笑顔とともにあいさつができるようになれば、それだけでも光り輝いて見えるのではないでしょうか。

〝I〟は「Impressions & Ichiryu」。「印象と一流」です。特に第一印象は、その後の人間関係を大きく左右します。「またお話ししたい」と思われる人は、相手に美しい印象を残せた人、一流の人なのだと思います。やはりここでも、笑顔は重要な要素になります。また、頼まれごとは思いやりをもって快く引き受けるなど、相手の立場を考えた行動は、印象をよりよいものにしてくれるでしょう。

〝L〟は「Love」、「愛」です。心を込めて接してください。家族や友人、そして、勉強や仕事、あらゆる人や物事に、心を込めて向かい合いましょう。「この程度でいい」などと思わずに、できる限りのことをやれば、必ず満足のいく結果が出るはずです。後悔のない、笑顔あふれる人生を送るためにも、愛は欠かせないのです。

そして、最後は「Excited & Enjoy」の〝E〟。つまり「一生懸命、楽しむ」ことです。仕事と私生活でオンとオフを分け、頭を切り替えるのは、特に仕事人間と呼ばれるタイプにとっては難しいことです。けれど、何か自分をリフレッシュできる楽しみを持つことは、次に向かって進む力を与えてくれます。自分が楽しいと思えること、うれしくなれることを積極的にやっていきましょう。楽しみを見つけて人生をエンジョイすることで、仕事も生活も、より充実したものになるはずです。

スマイル——笑顔、微笑みに国境はありません。私は二代目として祖母の遺してくれた『美道』の理念を単にそのまま広めるのではなく、初代・山野愛子の思いを胸に私なりの味付けをして、日本国内のみならず、世界に向けても発信していきたいと思っています。

おわりに

人は立ち止まって、ほっとした瞬間に初めて、何かを思い返す余裕ができるのだと思います。私は目の前で起きている〝いま〟にすべてをぶつけていたせいか、後ろを振り返るという時間も、気持ちの余裕もないまま、二代目・山野愛子襲名から、気づけば三十年が経っていました。

今回、半生を振り返るという機会をいただき、さて、何から書いていこうかと思ったものの、あれだけあったはずの苦しかったこと、悲しかったことが、まったく浮かんでこないのです。それどころか、細かい記憶がほとんどありません。特に二代目を継承する前後、学生だった頃の日々や、初代が亡くなった直後の混乱は、まるで霞《かすみ》の中に隠れてしまったようにあいまいです。あえてつらいこと、重い荷物を頭の中から消してしまうことで、前に進めたのでしょうか。神様が私たちに与えてくださった多くの恩恵《おんけい》の中でも、〝忘れる〟という能力は、もしかしたらときとして、とてもありがたく、人を楽にしてくれるギフトなのかもしれません。

ですからこの本は、私自身の来し方に対するメランコリックな思いよりむしろ、日々過去になっていってしまう〝二代目・山野愛子の半生〟を、三代目となる私の娘、ミアに伝える意味も持っていっています。生まれてからずっと山野学苑とともにある娘ですが、いつか大きくなったとき、その彼女の知らない私の姿を、この本から見出してくれることを祈ります。

芸術品を創り上げる仕事であれば、作品を世に残すことができますが、残念ながら私の仕事は〝形〟としては写真でしか残りません。この半生で私が何を世の中に残せたか、そして、今後残りの時間で何を残せるのかと考えたとき、美とは永遠ではなく、実にはかなく、瞬間瞬間の輝きを提供しながら、ここまでやってきたのだとつくづく感じます。

何より「うれしい」と思ってくださった人たちの笑顔が、たくさん胸に残っています。それらも形あるものではありませんが、一人ひとりの笑顔が私の財産であり、これまでの私の人生をどれだけ彩ってくれたかわかりません。

「ありがとうございました」と、お客様や学生に言われるたびに、むしろ感謝すべきは私であると、毎回思うのです。こんなにうれしい仕事をさせてくれたあなたに、私のほうが、ありがとうございますと言いたいんですよ、と。

このたび、私が次のステップに進むきっかけとなるこの本を出版するにあたって、私になりきって心の声をつづってくださった友・田口恵美子さん。I deeply appreciate your friendship and your expertise in putting my thoughts together in this book. また、細やかな気遣いと編集で、私のつたない思いを紡いでくださった幻冬舎の藤原将子さん、ホリプロの岡孝二郎さん、駒村壮一さんに、この場をお借りしてお礼申し上げます。

そして、愛する家族、山野学苑の教職員のみなさん、山野流着装教室の先生方、仕事関係の方々、大好きな友人たち。感謝の気持ちを伝えるべき相手はあまりにも多く、その多さは、自分がいかにたくさんの方々によって支えられているかということを再認識させてくれます。Josh Groban の歌う『You Raise Me Up』を聴くと、誰かがいてくれるから、自分の持てる力以上に強くなれるとしみじみ思い、Bette Midler の『Wind Beneath My Wings』を聴けば、翼に風を与え続けてくれる存在があって、初めて高く飛べるのだと、日々感謝の気持ちが湧いてくるのです。秘書の佐藤美奈子さん。二十五年にわたって、私に風を送り続けてくれてありがとう。自分がずぶぬれになっても、私に傘を差し掛けてくれたあなたがいなければ、いまの私はなかったでしょう。

誰かに喜んでもらいたいという思いを、気づけば、幼い頃からいつも持っていました。

おそるおそる飛び込んだ美容の世界は、当初、必ずしも自ら望んで入った道ではなかったけれど、誰かに喜んでもらいたい、という思いは、いついかなるときも私の心にあり続けました。
もし、私が祖母から引き継いだ〝血〟を表現するならば、それは技術うんぬんではなく、この気持ちに尽きるのではないかと思うのです。そして三十年が経ち、お客様や学生たちの笑顔に出会うたびに、「これこそが、私の求めていたもの」と、いつしか美容が私の天職と感じるに至りました。

山野愛子の孫として生まれ、十八歳で未来を奪われたかと失望の底に沈んだとき、すべてを前向きに変えてくれたのは、「パパ」と慕《した》った、いまは亡き母方の祖父でした。

パパ、私はやっとここまで登ってまいりました。

まだ富士山の、たぶん五合目にも差し掛かっていませんが、山の頂の、もっと上の雲間から、おかあちゃまやおとうちゃまと一緒に、私に最高のスマイルを向けてくれていますよね？

「ジェーンちゃん、Just try!（とにかくやってみようよ！）。何事もやらずに諦めちゃダメだよ」

山野愛子ジェーン

山野愛子ジェーン

やまの・あいこ・じぇーん

米国ロサンゼルス生まれ。帰国後アメリカンスクールを経て上智大学外国語学部比較文化学科、山野美容専門学校卒業。日本の美容界の草分けである祖母山野愛子のもとで美容を学び、1984年カーネギーホールで二代目・山野愛子襲名。初代が提唱した「美道」を継承し、豊かな感性と優れた国際感覚で美容界のリーダーとして活躍。美容教育と着物文化の普及に努める。近年は美容と福祉を融合させた「美容福祉」の研究・教育・実践をはじめ、美容で人生を豊かにする〈スマイルプロジェクト〉の一環として、高校での「美道講話」などを通しコミュニケーションと精神美の重要性を広く呼びかけている。

現職：学校法人山野学苑理事長、山野美容芸術短期大学学長、山野美容専門学校校長、一般財団法人国際美容協会理事長、山野流着装宗家、一般社団法人全日本ブライダル協会副会長、公益財団法人日本国際問題研究所評議員、一般社団法人日本美容福祉学会副理事長。

著書：『ジェーンのきものスタイリング』（岩波書店）、『SECOND GENERATION』（IN通信社）、『愛される人のビューティーエッセンス』（PHP研究所）、『着付けと帯結びの基本』（パッチワーク通信社）、『和装の花嫁と列席者の装いバイブル』（世界文化社）など。

装幀　albireo

企画プロデュース　佐藤美奈子（山野美容芸術短期大学）

DTP　美創

構成　田口恵美子

編集協力　岡孝二郎（ホリプロ・スポーツ文化部）

駒村壮一（ホリプロ・出版プロジェクト）

笑顔という、
たったひとつのルール

2015年5月25日　第1刷発行

著者　山野愛子ジェーン

発行者　見城 徹

発行所　株式会社 幻冬舎
〒151-0051 東京都渋谷区千駄ヶ谷4-9-7
電話 03(5411)6211(編集)　03(5411)6222(営業)
振替 00120-8-767643

印刷・製本所　中央精版印刷株式会社

検印廃止

Printed in Japan　ISBN978-4-344-02773-2 C0095
幻冬舎ホームページアドレス http://www.gentosha.co.jp/

この本に関するご意見・ご感想をメールでお寄せいただく場合は、
comment@gentosha.co.jp まで。

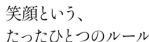